本书获河南省社会科学院
哲学社会科学创新工程试点经费资助

中原学术文库·学者丛书

国家自主创新示范区
建设比较与实证研究

COMPARATIVE AND EMPIRICAL RESEARCH ON
THE CONSTRUCTION OF NATIONAL INDEPENDENT
INNOVATION DEMONSTRATION ZONE

王玲杰　李斌　彭俊杰　王元亮／著

社会科学文献出版社
SOCIAL SCIENCES ACADEMIC PRESS (CHINA)

目录
CONTENTS

第一章
国家自主创新示范区的发展现状

随着全球新一轮科技变革、动力变革和转型升级日益加速推进，国家自主创新示范区作为区域创新发展和转型升级的先行区、引领区，在全面推进高质量发展中发挥着越来越重要的作用。从其建设发展的形势背景来看，随着后金融危机的不断演化，全球经济进入更加复杂多变的时期，美国经济遭受重创，亚洲经济也遭遇前所未有的挑战。面对危机和考验，发达国家开始寻找重振经济的新动力和新增长点，以科技创新为重心的国家创新体系建设日益成为其应对金融危机的重要途径。美国出台《美国创新战略：可持续的增长和高质量的工作》，对科技创新进行中长期战略部署。俄罗斯成立"经济现代化和技术发展委员会"，组织实施从资源型国家向创新型国家转变的战略。英国、德国、法国等纷纷启动实施国家创新战略，通过加快科技创新刺激经济增长。与此同时，在经过改革开放以来四十年的高速发展后，我国经济增长速度开始放缓，进入经济新常态，由高速增长转向高质量发展。我国要实现质量变革、效率变革、动能变革，就必须深入实施创新驱动发展战略，不断强化创新这一引领发展的第一动力。在此形势下，我国启动建设国家自主创新示范区（以下简称自创区）的战略决策，以国家自创区为引领和示范，在科技创新的前瞻性、战略性、关键性领域下好先手棋、打好主动仗，勇做新时代科技创新的排头兵，探索走好中国特色自主创新之路，努力抢占科技竞争和未来发展制高点，把创新主动权、发展主动权牢牢掌握在自己手中。

一 国家自主创新示范区发展概述

国家自主创新示范区是经国务院批准，在加快高技术产业发展，推进自主创新战略等方面先行先试的区域，是实现创新型国家和区域创新体系构建战略的重要载体，是我国产业转型升级、区域经济创新改革的重要平台，发挥对全国国家级高新区的带动作用，肩负着探索自主创新之路实现国家发展的历史使命，对推动经济高质量发展发挥重要的引导作用。

2009 年以来，国务院先后批复建设北京中关村、武汉东湖、上海张江、深圳等 19 个国家自主创新示范区，以平均每年 2~3 个的速度扩张，覆盖了全国 50% 的省份、46 个地级城市和 50 个国家高新技术产业开发区；先后经历了试点探索、规模拓展和协同发展阶段，初步形成系统布局、多点辐射、全面带动、引领发展的良好态势（见表 1 - 1）。

表 1 - 1　目前已经获批的国家自主创新示范区概况

序号	名称	批复时间	涉及的国家高新区	建设定位或发展目标
1	北京中关村国家自主创新示范区	2009 年 3 月 13 日	中关村科技园区	建成具有全球影响力的科技创新中心和高技术产业基地
2	武汉东湖国家自主创新示范区	2009 年 12 月 8 日	武汉东湖高新区	成为推动资源节约型和环境友好型社会建设、依靠创新驱动发展的典范
3	上海张江国家自主创新示范区	2014 年 1 月 19 日	上海张江、紫竹高新区	成为带动上海、长三角区域乃至整个东部地区创新发展的重要引擎、代表中国参与国际高新技术产业竞争的特色品牌

序号	名称	批复时间	涉及的国家高新区	建设定位或发展目标
4	深圳国家自主创新示范区	2014年5月13日	深圳	建成具有世界影响力的国际创新中心
5	苏南国家自主创新示范区	2014年10月20日	南京、苏州、无锡、常州、昆山、江阴、武进、镇江高新区和苏州工业园区	建成具有国际竞争力的创新型经济发展高地
6	长株潭国家自主创新示范区	2014年12月11日	长沙、株洲、湘潭高新区	建成具有全球影响力的"一带一路"创新创业中心
7	天津国家自主创新示范区	2014年12月11日	天津滨海高新区	建成具有国际竞争力的产业创新中心和国家重要的区域创新中心
8	成都国家自主创新示范区	2015年6月11日	成都高新区	打造成为全球有影响力的创新创业中心
9	西安国家自主创新示范区	2015年8月25日	西安高新区	建成具有国际竞争力的先进制造创新中心和"一带一路"创新之都
10	杭州国家自主创新示范区	2015年8月25日	杭州高新区、萧山临江高新区	打造成为具有全球影响力的"互联网＋"创新创业中心
11	珠三角国家自主创新示范区	2015年9月29日	广州、中山火炬、东莞松山湖、佛山、惠州、珠海、肇庆、江门高新区	打造成为国际一流的创新创业中心
12	郑洛新国家自主创新示范区	2016年4月5日	郑州、洛阳、新乡国家高新区	打造成为具有国际竞争力的中原创新创业中心
13	山东半岛国家自主创新示范区	2016年4月5日	济南、青岛（含青岛西海岸片区）、淄博、潍坊、烟台、威海国家高新区	打造成为具有全球影响力的海洋科技创新中心
14	沈大国家自主创新示范区	2016年4月5日	沈阳、大连国家高新区	打造成为东北亚科技创新创业中心

序号	名称	批复时间	涉及的国家高新区	建设定位或发展目标
15	福厦泉国家自主创新示范区	2016年6月16日	福州、厦门、泉州国家高新区	打造成连接海峡两岸、具有较强产业竞争力和国际影响力的科技创新中心
16	合芜蚌国家自主创新示范区	2016年6月16日	合肥、芜湖、蚌埠高新区	打造具有重要影响力的产业创新中心
17	重庆国家自主创新示范区	2016年7月19日	重庆高新区	打造具有重要影响力的西部创新中心
18	宁波温州国家自主创新示范区	2018年2月11日	宁波、温州高新区	打造成为民营经济创新创业新高地
19	兰州白银国家自主创新示范区	2018年2月12日	兰州、白银高新区	积极探索欠发达地区通过科技创新实现跨越发展的新路径

资料来源：科学技术部火炬高技术产业开发中心网站。

（一）北京中关村国家自主创新示范区

2009年3月，国务院批复同意建设中关村国家自主创新示范区。中关村国家自主创新示范区成为我国首个国家自主创新示范区，也成为首个以高新区为单位的国家自主创新示范区。批复要求把中关村建设成为具有全球影响力的科技创新中心。2011年1月，《中关村国家自主创新示范区发展规划纲要（2011—2020年)》提出，中关村国家自主创新示范区要坚持"深化改革先行区、开放创新引领区、高端要素聚合区、创新创业集聚地、战略产业策源地"的战略定位，建成具有全球影响力的科技创新中心。2012年10月，中关村国家自主创新示范区调整空间规模和布局，由原来的"一区十园"增加为"一区十六园"，面积由原来的233平方公里增加到目前的488平方公里。

中关村国家自主创新示范区是我国科教资源分布最为密集的区域，拥有各类高等院校41所，中国科学院等科研院所206家；国家级重点实验室 112 个，国家工程研究中心 38 个，国家工程技术研究中心 57 个；大学科技园 26 家，留学人员创业园 34 家。中关村国家自主创新示范区是首批"海外高层次人才创新创业基地"之一，是国内留学归国人员创办企业数量最多的地区；拥有北京市 80% 的中央"千人计划"人才、80% 的"北京海外人才聚集工程"人才。目前已经形成下一代互联网、移动互联网和新一代移动通信、卫星应用、生物和健康、节能环保、轨道交通等六大优势产业集群，对区域经济发展已经产生较强的辐射带动和创新示范效应。

（二）武汉东湖国家自主创新示范区

1988 年，武汉市批准建设东湖新技术开发区；1991 年，国务院批复东湖新技术开发区为国家级高新技术产业开发区；2009 年 12 日，国务院批复同意支持武汉东湖新技术开发区建设国家自主创新示范区，武汉东湖国家自主创新示范区成为第二个国家自主创新示范区，批复要求武汉东湖国家自主创新示范区成为推动资源节约型和环境友好型社会建设、依靠创新驱动发展的典范。

武汉东湖国家自主创新示范区面积为 518.06 平方公里，集聚了各类高等院校 42 所、国家级科研院所 56 家、国家重点实验室及工程技术研究中心 33 个、国家级企业技术中心 8 个；拥有技术人员 20 多万人、大学生 70 多万人；聚集企业近 2 万家；已经形成以光电子信息为主导，以生物、新能源、环保、消费类电子等产业为支柱的高新技术产业集群，"武汉·中国光谷"是国内最大的光电子信息产业集群。

（三）上海张江国家自主创新示范区

1991 年，上海张江高新技术产业开发区成为首批国家级高新区之一；2014 年 1 月，国务院批复上海张江高新技术产业开发区成为第三个国家自主创新示范区。批复要求该示范区建设开放创新先导区、战略性新兴产业集聚区、创新创业活跃区、科技金融结合区、文化和科技融合示范基地"四区一基地"，努力建设成为带动上海、长三角区域乃至整个东部地区创新发展的重要引擎，以及代表中国参与国际高新技术产业竞争的特色品牌。

目前，张江国家自主创新示范区的规划面积已经从"一区八园"的63 平方公里扩大到"一区十三园"的 296 平方公里，再扩大到"一区十八园"和紫竹高新区的 470.5 平方公里；集聚了科技型、创新型企业近 7 万家，其中高新技术企业 3759 家；研发机构 1700 多个，公共服务平台 300 多个；拥有各类高等院校 42 所、科研院所 100 余家，国家重点工程实验室和工程技术研究中心 34 个、省部级重点实验室和工程技术研究中心 131 个、国家级企业技术中心 13 个；院士 176 人、国家"千人计划"586 人，本市"千人计划"383 人，是上海产业发展和高端人才集聚地；已经形成新一代信息技术、高端装备制造、生物、节能环保、新材料等五大主导产业集群，以及新能源、新能源汽车两大先导产业集群，成为上海创新发展的重要引擎、全国创新改革先导区以及上海建设具有全球影响力科技创新中心的核心载体。

（四）深圳国家自主创新示范区

2014 年 5 月，深圳国家自主创新示范区成为我国第一个以城市为基本单元的国家自主创新示范区。国务院批复要求深圳国家自主创新示范区创建创新驱动发展示范区、科技体制改革先行区、战略性新兴产业聚集区、开放创新引领区、创新创业生态区，把深圳建设成为具有世界影响力的国际创新中心。国务院还特别支持深圳结合自身特点，在科技金融改革创新、建设新型科研机构、深港经济科技合作新机制等方面进行积极探索。

深圳国家自主创新示范区面积为 397 平方公里，涵盖了深圳市 10 个行政区和新区的产业用地，相当于近 35 个深圳高新区，超过原深圳经济特区面积。深圳国家自主创新示范区拥有深圳大学、南方科技大学、香港中文大学（深圳）、深圳北理莫斯科大学、清华伯克利深圳学院、吉大昆士兰大学等高等院校；国家、省、市级重点实验室、工程实验室、工程（技术）研究中心和企业技术中心等创新载体 1200 多个，覆盖了国民经济社会发展的主要领域；建立移动互联、机器人、基因、北斗卫星导航等领域产学研资联盟 45 个。

（五）苏南国家自主创新示范区

2014 年 10 月，国务院批复同意支持南京、苏州、无锡、常州、昆山、江阴、武进、镇江高新区和苏州工业园区建设苏南国家自主创新示范区，成为我国第一个以城市群为基本单元的国家自主创新示范区。2015 年 2 月，江苏省委、省政府出台《关于建设苏南国家自主创新示范区的实施意见》，成立建设工作领导小组；2015 年 8 月，出台《苏南国家自主创新示范区发展规划纲要（2015—2020 年）》，要求自创区瞄准"创新驱动发展引领区、深化科技体制改革试验区、区域创新一体化先行区"的战略定位，力争建成具有国际竞争力的创新型经济发展高地。

苏南国家自主创新示范区地处长江三角洲核心区，是我国科教资源最丰富、经济社会最发达、现代化程度最高的地区之一。苏南 5 市均为国家创新型试点城市；拥有高等院校 107 所、科研机构 330 多个、国家级大学科技园 12 家、国家重点实验室和工程技术中心 55 个、科技人员 810 万人，研发人员 28 万人，占全国研发人员总数的 8.9%；拥有科技型企业 5 万多家，其中销售额超千亿元的 4 家、超百亿元的 96 家，国家创新型企业 21 家，上市科技企业 293 家，高新技术企业超过 5800 家，企业研发机构建有率超过 85%。

（六）长株潭国家自主创新示范区

1991 年、1992 年、2009 年，长沙、株洲、湘潭国家高新技术产业开发区分别获国务院批准建立。2014 年 12 月,国务院批复同意支持长沙、株洲、湘潭国家高新区建设国家自主创新示范区,长株潭国家自主创新示范区成为第六个国家自主创新示范区。批复要求把长株潭国家自主创新示范区建设成为创新驱动发展引领区、科技体制改革先行区、军民融合创新示范区、中西部地区发展新的增长极。2016 年,《长株潭国家自主创新示范区发展规划纲要(2015—2025 年)》提出要将该自创区建成具有全球影响力的创新创业中心。

长株潭国家自主创新示范区是我国科技创新资源的重要聚集区,拥有高等院校 69 所,省级及以上科研机构 1000 多个,国家级孵化器、加速器载体面积 300 多万平方米;2014 年底已汇聚院士 54 人,国家"千人计划"专家 73 人,引进留学归国人员和海外专家 1000 多人;建成欧洲工业园、西班牙工业园、德国工业园、中国台湾工业园等对外合作基地;取得世界运算速度最快的"天河二号"亿亿次超级计算机、世界大面积亩产最高的超级杂交稻、碳/碳复合刹车材料等多项科研成果。近几年高新技术产业增加值年均增长 36% 以上,居全国第一位。

(七) 天津国家自主创新示范区

1988 年,天津新技术产业园区启动建设,1991 年,入选首批国家级高新技术产业开发区。2009 年,天津新技术产业园区更名为天津滨海高新技术产业开发区。2014 年 12 月,国务院正式批复同意支持天津滨海高新技术产业开发区建设国家自主创新示范区。2015 年 2 月,天津国家自主创新示范区在天津滨海高新技术产业开发区揭牌。2015 年 12 月,科技部正式印发《天津国家自主创新示范区发展规划纲要(2015—2020 年)》,提出要建设创新主体集聚区、产业发展先导区、转型升级引领区和开放创新示范区,具有国际竞争力的产业创新中心和国家重要的区域创新中心。

目前,天津国家自主创新示范区的规划范围由核心区的"一区五园"用地面积 55.24 平方公里增加到"一区二十一园"规划总面积 244.67 平方公里。"一区"即以滨海高新区为主体的核心区；"二十一园"即在各区县、滨海新区有关功能区分别规划建设 21 个分园。2016 年，天津国家自主创新示范区科技型企业 2726 家，科技"小巨人"企业 1279 家，国家级高新技术企业 825 家；共有注册企业 9.4 万家，吸纳从业人员 115.2 万人，共建有各类科技创新平台 720 个；实现增加值 3406.4 亿元，同比增长 3.45%，人均增加值 34.4 万元，同比增长 5.8%；全部主营业务收入 23051.5 亿元，同比增长 0.98%。

（八）成都国家自主创新示范区

1991 年，成都高新技术产业开发区成为全国首批国家级高新区之一，2006 年，被科技部确定为全国创建"世界一流高科技园区"试点园区，2015 年 6 月，经国务院批准成为西部第一个国家自主创新示范区，也是四川省全面创新改革试验区和自由贸易试验区核心区。2017 年，四川省印发《关于加快建设成都国家自主创新示范区的实施意见（2016—2025 年）》，明确指出到 2020 年成都国家自主创新示范区全面建成国际创新创业中心。

成都国家自主创新示范区总面积为 613 平方公里，其中高新南区为 87 平方公里、高新西区为 43 平方公里、高新东区为 483 平方公里。自创区聚集各类人才 48.2 万人，引进诺贝尔奖获得者 6 人、两院院士 19 人，累计吸引 3841 名高层次创新创业人才创办企业 1687 家，集聚市场主体 15.6 万家。其中，企业 11.5 万多家，上市企业 33 家，新三板挂牌企业 115 家，经认定的高新技术企业 1058 家。自创区以电子信息、生物医药、新经济为重点，着力培育发展创新型产业集群。2017 年，成都国家自主创新示范区实现地区生产总值 1665.8 亿元，同比增长 10%，占四川省 GDP 的 4.5%，占成都市 GDP 的 12%。

（九）西安国家自主创新示范区

1991 年，西安高新技术产业开发区被国务院批准为首批国家高新区之一。2006 年，西安高新技术产业开发区被科技部列入全国 6 个建设世界一流科技园区的试点园区。2015 年 8 月，国务院批复同意西安高新技术产业开发区建设国家自主创新示范区，并赋予其打造"一带一路"创新之都的历史使命。

西安国家自主创新示范区汇聚了高校院所和军工单位 900 多所、行业专家 1.7 万人，各类科技金融服务机构 360 多家、科技型专营银行 10 家，科技企业孵化器 30 家，其中国家级 14 家，孵化器面积超过 200 万平方米，累计在孵和毕业企业超过 3500 家。建设了军民融合产业基地，十一大军工集团中有 8 家在此投资布局，拥有各类军转民、民进军企业 298 家。目前西安国家自主创新示范区已经形成以新一代信息技术和高端装备制造为主导，以生物医药、节能环保、新材料和科技服务业为支撑的发展格局，成为我国重要的高新技术产业发展基地。

（十）杭州国家自主创新示范区

2015 年 8 月，国务院批复同意杭州和萧山临江 2 个高新技术产业开发区建设国家自主创新示范区，这也是我国批复的第十个国家自主创新示范区。批复要求杭州国家自主创新示范区以科技创新和"互联网＋"推进转型升级，打造具有全球影响力的"互联网＋"创新创业中心，努力建设成为创新驱动转型升级示范区、互联网大众创业集聚区、科技体制改革先行区、全球电子商务引领区和信息经济国际竞争先导区。浙江省陆续出台《关于杭州推进国家自主创新示范区建设的若干意见》《杭州"创新创业新天堂"行动实施方案》《关于发展众创空间推进大众创业万众创新的实施意见》等文件，助推杭州国家自主创新示范区创新发展。

目前，杭州国家自主创新示范区已有科技孵化器 18 家，其中国家级 6 家；众创空间 26 家，其中国家级 9 家。杭州高新区（滨江）海创基地、青山湖科技城、未来科技城、梦想小镇、云栖小镇、山南基金小镇等创新平台、特色小镇成为国内外创新资源的集聚地。2017 年，全区首次实现

GDP 超千亿元，R&D 经费支出占 GDP 比重达到 12%，在科技部最新公布的 147 个国家级高新区中综合排名第四位。临江高新区建设有智慧谷、智造谷、科创谷，成立了中科杭州高新技术产业联盟、浙江省高校产学研联盟，落地新能源汽车、工业机器人、航空航天等一批重大产业化项目，区域创新创业氛围明显提升。

（十一）珠三角国家自主创新示范区

2015 年 9 月，国务院正式批复同意设立珠三角国家自主创新示范区，该示范区成为全国第二个以城市群为单位的国家自主创新示范区，范围包含广州、中山火炬、东莞松山湖、佛山、惠州、珠海、肇庆、江门等 8 个国家高新区。2016 年 4 月，广东省印发《珠三角国家自主创新示范区建设实施方案（2016—2020 年)》，指出要着力打造国际一流的创新创业中心，辐射带动全省创新发展，成为全省创新发展的强大引擎。

2016 年，珠三角国家自主创新示范区 GDP 达到 6.7 万亿元，R&D 研发经费支出超过 1900 亿元，占珠三角地区 GDP 比重超过 2.85%；高新技术产业主营业务收入占规模以上工业企业主营业务收入比重超过 50%，高新区高新技术企业占纳入统计企业比重超过 50%；拥有科技企业孵化器 589 家，70% 的区（县）实现孵化器覆盖，其中国家级孵化器 79 家；纳入统计的众创空间 442 家，其中纳入国家级孵化器管理体系的众创空间 165 家。

（十二）郑洛新国家自主创新示范区

2016 年 4 月，国务院批复同意郑州、洛阳、新乡三个国家高新技术产业开发区建设国家自主创新示范区。批复要求将郑洛新国家自主创新示范区打造成为具有国际竞争力的中原创新创业中心，努力建设成为开放创新先导区、技术转移集聚区、转型升级引领区、创新创业生态区。2016 年 5 月，河南省印发《郑洛新国家自主创新示范区建设实施方案》，要求把自创区打造成为国家重要的装备制造、新能源和新能源汽车、生物医药、现代物流创新中心和产业基地，引领带动全省创新驱动发展的综合载体和增长极，成为中西部地区大众创业万众创新的热土。2016 年 8 月，河南省印发《关于加快推进郑洛新国家自主创新示范区建设的若干意见》，从激发创新主体活力、推进开放式创新、集聚海内外人才资源、创新科技管理体制机制、优化创新创业环境等 5 个方面，提出了先行先试政策 30 条。

目前，郑州、洛阳、新乡 3 市集聚了河南省 80% 以上的高层次创新人才，河南省 78% 的国家重点实验室、80% 的国家工程技术研究中心、74% 的省级重点实验室、50% 以上的新型研发机构落地郑洛新国家自主创新示范区，拥有创新龙头企业 16 家，有效期内高新技术企业总数超过1000 家，科技型中小企业总数近 9000 家，均超过河南省总数一半，集中了河南省最主要的创新资源。

（十三）山东半岛国家自主创新示范区

2016 年 4 月，国务院正式批复同意设立山东半岛国家自主创新示范区。示范区依托济南、青岛、淄博、潍坊、烟台、威海 6 个国家高新技术产业开发区。批复要求将自创区打造成为具有全球影响力的海洋科技创新中心，把山东半岛国家高新区建设成为转型升级引领区、创新创业生态区、体制机制创新试验区、开放创新先导区。为加快山东半岛国家自主创新示范区建设，2016 年 9 月，山东省出台《关于加快山东半岛国家自主创新示范区建设发展的实施意见》，提出将自创区打造成为以蓝色经济引领转型升级的自主创新示范区和引领全省创新发展的特色示范区的战略定位和总体要求。

2016 年，山东半岛国家自主创新示范区成立的企业超过 2 万家，同比增长 120% 以上；高新技术产业产值 7277 亿元，占规模以上工业总产值的 71%，公共财政预算收入同比增长 16%、税收收入同比增长 13%；拥有产业技术研究院 20 多家，科技企业孵化加速载体 60 多个，孵化企业近万家，孵化面积 450 余万平方米，集聚创业资本 200 多亿元；已经培养一批创新型产业集群，带动相关沿海城市共同建设海洋科技产业聚集区。

（十四）沈大国家自主创新示范区

2016 年 4 月，国务院同意沈阳、大连 2 个国家高新技术产业开发区建设国家自主创新示范区。批复要求将沈大国家自主创新示范区打造成为东北亚科技创新创业中心，努力把沈大国家自创区建设成为东北老工业基地高端装备研发制造集聚区、转型升级引领区、创新创业生态区、开放创新先导区。2016 年 7 月，辽宁省出台《关于建设沈大国家自主创新示范区的实施意见》，指出要加快形成以创新为主要引领和支撑的经济体系和发展模式，为东北老工业基地增添内生发展活力和动力。2018 年 8 月，沈大国家自主创新示范区建设领导小组出台《关于加快推进沈大国家自主创新示范区发展的意见》，进一步细化发展目标，明确工作任务，旨在全面提升综合竞争实力。

按照部署要求，沈大国家自主创新示范区重点发展高档数控机床、船舶和海洋工程装备、航空装备、能源装备等先进装备制造业，建设辽宁制造业创新中心；推进信息化与工业化深度融合，推动工业产品向价值链高端攀升；鼓励有实力的装备制造企业在境外建立产业基地和工业园区，形成一批具有国际竞争力和市场开拓能力的骨干企业，构建大开放、大合作的协同创新格局。

（十五）福厦泉国家自主创新示范区

2016 年 6 月，国务院批复同意福厦泉国家高新区建设国家自主创新示范区。按照批复要求，福厦泉国家自主创新示范区要打造连接海峡两岸、具有较强产业竞争力和国际影响力的科技创新中心，努力建设成为科技体制改革和创新政策先行区、海上丝绸之路技术转移核心区、海峡两岸协同创新和产业转型升级示范区。2016 年 12 月，福建省出台《福厦泉国家自主创新示范区建设实施方案》，明确示范区以福州、厦门、泉州 3 个国家高新区为核心，建设成为具有国际影响力的科技创新中心。

2017 年，全省约 84% 的高新技术企业、68% 的科技小巨人领军企业和 70% 的新型研发机构在福厦泉国家自主创新示范区成长，86% 的授权发明专利在福厦泉国家自主创新示范区产生。福州片区数字福建云计算中心一期全面投入使用。厦门片区规上集成电路企业产值达到 143.8 亿元，居全国第五位；集成电路设计产业产值约 32 亿元，居全国第四位。泉州片区网商虚拟产业园入驻市场主体超过 7000 家，微波通信产业基地成为国内最大的民用微波通信射频组件生产基地。

（十六）合芜蚌国家自主创新示范区

2008 年，合芜蚌自主创新综合试验区启动建设。2009 年，国务院批准建设合芜蚌自主创新综合试验区。在此基础上，2016 年 6 月，国务院同意合肥、芜湖、蚌埠 3 个国家高新技术产业开发区建设国家自主创新示范区。根据要求，自创区要打造具有重要影响力的产业创新中心，建设成为科技体制改革和创新政策先行区、科技成果转化示范区、产业创新升级引领区、大众创新创业生态区。2016 年 12 月，安徽省印发《合芜蚌国家自主创新示范区建设实施方案》，明确要求全面提升区域创新体系整体效能，创建有重要影响力的综合性国家科学中心和产业创新中心；以合肥、芜湖、蚌埠三市为建设主体，以合芜蚌国家高新区为核心区，辐射带动合芜蚌三市各类开发园区转型升级。

合肥、芜湖、蚌埠三市集中了安徽省 90% 以上的创新资源，共有高等院校和科研院所 130 多所、国家级工程技术研究中心 6 个，拥有高新技术企业 1701 家，占全省的 53.9%；科技企业孵化器 47 家，其中国家级 10 家，孵化面积 112.3 万平方米；万人发明专利拥有量达到 11.3 件，高出全省 7.02 件。

（十七）重庆国家自主创新示范区

1991 年 3 月，重庆高新区经国务院批准成为首批 27 个国家级高新技术产业开发区之一。2016 年 7 月，国务院批复同意重庆高新技术产业开发区建设国家自主创新示范区。批复要求将自创区打造成为具有重要影响力的西部创新中心，努力把重庆高新技术产业开发区建设成为创新驱动引领区、军民融合示范区、科技体制改革试验区、内陆开放先导区。

重庆国家自主创新示范区规划建设面积为 74.3 平方公里，其中东区为 20 平方公里，西区组团为 54.3 平方公里。重庆自创区已经构建石墨烯新材料、电子信息、生物医药、高端装备、高技术服务、现代商贸物流等新兴产业集群。2017 年，重庆自创区实现 GDP 增长 9.7%，规上工业总产值增长 26.5%，固定资产投资增长 15.3%，社会消费品零售总额增长 9.1%，一般公共预算收入增长 9.5%；全社会研发经费支出占 GDP 比重达到 4.6%，是全市平均水平的 2.6 倍。

（十八）宁波温州国家自主创新示范区

2018 年 2 月，国务院批复同意宁波、温州高新技术产业开发区建设国家自主创新示范区，这是浙江省第二个国家自主创新示范区。批复要求将自创区打造成为民营经济创新创业新高地，建设科技体制改革试验区、创新创业生态优化示范区、对外开放合作先导区、城市群协同创新样板区、产业创新升级引领区。

宁波国家高新区重点开展创新创业生态营造和体制机制改革试点示范，发挥国家级科研院所作用，打造国际一流的新材料创新中心和产业高地，深入推进国家科技服务业创新发展区域试点建设，构建开放共享、互动交流的众创生态圈，力争成为浙东南地区创新创业和制造业转型升级的新引擎。温州国家高新区围绕国家激光与光电创新型产业集群建设，推动激光与光电领域科技成果转移转化和产业组织方式创新试点，打造成为浙南科创要素集聚新高地，成为辐射浙南闽北区域的创新型特色高新区。

（十九）兰州白银国家自主创新示范区

2018 年 2 月，国务院批复同意兰州、白银高新技术产业开发区建设国家自主创新示范区。批复提出兰州白银国家自主创新示范区要积极探索欠发达地区通过科技创新实现跨越发展的新路径，努力把兰州、白银高新区建设成为科技体制改革试验区、产业品质跃升支撑区、人才资源集聚区、东西合作发展先行区、生态文明建设引领区。

兰州、白银是甘肃省创新基础最为雄厚的区域。2014 年，兰白科技创新改革试验区打造形成石油化工千亿产业链以及生物医药、航空航天等百亿产业链，区内战略性新兴产业增加值占 GDP 比重达到 11.41%，建成科技创新平台 137 个。兰白科技创新改革试验区取得的显著成效为兰州白银国家自主创新示范区的建设打下了坚实基础。

可以看出，现有 19 个国家自主创新示范区可以分为 3 种类型。第一种是依托单个高新区（科技园区）成立的自主创新示范区，包括北京中关村、武汉东湖、上海张江以及天津、西安、成都、重庆等 7 个。第二种是以创新型城市为基本单元的自主创新示范区，包括深圳。第三种是同一省市多个高新区形成的自主创新示范区，包括苏南、长株潭、杭州、珠三角、沈大、山东半岛、郑洛新、福厦泉、合芜蚌、宁波温州、兰州白银等11 个。

二 国家自主创新示范区的成立背景与意义

（一）国家设立自主创新示范区的背景

从全球看，国家设立自主创新示范区是顺应新一轮科技革命和各国竞相推动创新发展的战略选择。2008 年，国际金融危机给世界经济带来严重冲击，至今余波未平，世界各国受到了不同程度的影响，世界经济出现了大规模的衰退，正经历着深刻变革。在金融危机冲击影响并不断发酵演化的形势下，发达国家纷纷转变经济增长模式，推出以科技创新为核心的发展战略，期望经济发展由虚拟经济回归实体经济，从而继续占据全球新一轮产业分工的制高点。同时，金融危机也催生重大科技和产业革命，经济全球化和区域专业化深入推进，产业和技术分工在更深层次和更广范围展开，颠覆性技术不断涌现，新经济、新产业、新业态、新模式蓬勃发展，产业融合化、服务化、智能化、网络化趋势更加明显，移动通信、物联网、智能电网、基因工程等技术领域受到广泛重视，创新引领、数字经济、共享经济、现代供应链等领域逐渐成为新的增长点，人才、技术、知识、资本、数据等创新要素加速在全球范围流动，创新全球化深入演进，创新创业大爆炸的时代已然来临。

从国内看，在金融危机的影响下，我国经济结束了连续多年的变速增长态势，GDP 增速明显放缓，经济发展进入新常态。为应对日益严峻的挑战，加快国内经济发展方式转变步伐已成为实现我国经济可持续发展的必然要求。党的十八大提出，要实施创新驱动发展战略，鼓励创新资源密集的区域率先推进创新驱动发展，充分发挥自主创新示范区的示范集聚辐射带动作用，实现经济发展动力由要素驱动、投资驱动向创新驱动转变。党的十九大指出，我国经济已由高速增长转向高质量发展，正处在转变发展方式、优化经济结构、转换增长动力的攻关期。国家全面实施创新驱动发展战略，以供给侧结构性改革为主线，以"创新、协调、绿色、开放、共享"五大发展理念为引领，不断增强经济创新力和竞争力。建设国家自主创新示范区已经成为我国在后国际金融危机时期增强自主创新能力、抢占新一轮经济和科技竞争战略制高点的重要载体，以及成为拉动经济结构调整和经济发展方式转变、实现经济可持续健康发展的强大引擎。

（二）国家设立自主创新示范区的意义

实施创新驱动发展战略，需要有条件的"探路者"摸着石头过河，先行先试，形成在局部获得成功并可在全国复制的经验。国家设立自主创新示范区从顶层设计到操作层面都具有战略性和全局性意义。

1. 有助于推动我国进入创新型国家行列

当前，我国处于全面建成小康社会的关键时期，深化改革开放和转变经济发展方式的攻坚时期，加快国家创新体系建设，进入创新型国家行列形势紧迫、任务艰巨。国家自主创新示范区的选择和布局综合考虑了多方面因素，除了区位条件、科技实力、发展潜力等必要因素外，还从全局出发，契合国家发展战略，形成叠加效应，推动我国创新能力全面提升。总览国家自主创新示范区的布局，结合各个自主创新示范区的战略定位，可以看到国家希望通过政策的叠加效应来推动综合性、系统性、联动性的改革创新，推动我国完成到 2020 年进入创新型国家行列的目标。

2. 有助于国家区域发展战略的协同推进

随着我国改革全面进入"深水区"，国家自主创新示范区的建设在国家区域协调发展大局中扮演着越来越重要的角色。国家提出自主创新示范区东转西进、区域分布纵深推进的设计思路，有利于支撑西部大开发、东北振兴、长江经济带、京津冀一体化等国家战略，促进东部地区率先转型升级，推进中西部地区创新发展，形成以点带面、以面带全国的区域协同创新格局，力求以局部突破带动全面发展。

3. 有助于形成可借鉴的区域创新发展模式

国务院批复建设的 19 个国家自主创新示范区都具有一定的代表性和典型性，突出了对不同创新领域和路径探索的积极作用。国家自主创新示范区发端于东部地区，北京中关村、上海张江等东部地区的国家自主创新示范区发展规模不断壮大，规模效应开始显现，承担着探索新一轮技术革命支撑的技术创新模式，为国家自主创新示范区全面布局建设做出示范的使命。长株潭、郑洛新、合芜蚌、兰州白银等中西部地区的自主创新示范区致力于打造跨区域的协同创新共同体，建设跨区域的协同创新中心，提升自主创新层次和水平，使国家自主创新示范区建设更加深入、更富活力。这些国家自主创新示范区发展取得的经验，不仅对推进自创区的建设发展，而且对推动区域创新发展都能够起到借鉴作用。

4. 有助于探索高新区持续引领经济发展的新路径

高新区是我国自主创新的"一面旗帜"。但在高投入高产出的发展态势下，我国高新区技术成果转化效率低、核心技术空洞、空间发展失衡等问题日益凸显，已成为制约可持续发展动力提升的关键因素，因而亟须强化高新区在试点中的内生增长作用，探索我国高新区持续引领经济社会发展的新路径。建设国家自主创新示范区旨在发挥高新区开放、灵活的优势，通过体制机制创新和政策先行先试，推动其成为创新驱动发展引领区、科技体制改革先行区、大众创新创业生态区和新产业新业态聚集区，支撑我国经济中高速增长。

三　国家自主创新示范区比较与实证研究的价值与意义

经过近 10 年建设，国家自主创新示范区已经成为国家实施创新驱动发展战略的主要载体。系统、全面、客观地比较各个国家自主创新示范区的发展情况、主要举措和进展成效，具有重要的学术价值和理论价值，尤其是通过比较分析来梳理、剖析国家自创区建设发展的趋势、特点以及经验、启示，进而以此为基础，通过实证分析来探讨推进国家自创区更高质量发展的问题与对策，具有较强的实践价值和指导意义。

（一）有利于完善和丰富区域创新能力理论

由于国家自主创新示范区是与我国高新技术产业集群发展现状相吻合的中国特色概念，国外目前还没有相关研究，现有研究成果多集中在主体相对宽泛的高新区或科技园、科技城等领域。国家自主创新示范区概念自提出以来便成为国内学者关注的焦点，相关研究成果快速涌现。但在现有研究中，有关国家自主创新示范区的比较研究还比较少，伴随着国家自主创新示范区建设的不断深入，区域创新生态正在逐步形成，急需国家自主创新示范区创新能力理论的研究支撑。

（二）有利于推动我国区域经济高质量发展实践

本研究对分布在东部地区、中部地区、西部地区和东北地区的各国家自创区进行了涉及多视角、多层面的深入比较分析，并以郑洛新国家自创区为典型案例展开实证分析，结合比较分析结论与启示，剖析了郑洛新国家自创区建设发展的问题挑战和对策建议。这对中西部地区的国家自主创新示范区发挥后发优势，加快建设成为引领中西部地区高质量发展的标杆和旗帜，促进东、中、西部地区国家自主创新示范区协调发展乃至区域的协调发展，进而推动我国经济高质量发展具有重要的现实意义。

（三）有利于为政府部门决策提供重要参考

本研究根据综合比较和实证研究结果，总结了国家自创区建设发展的经验启示，分析了国家自创区建设发展的重点难点，系统提出了强化"四个一批"带动、着力深化"四个融合"、加快推进人才引育工程、积极推进开放协同创新、加快推动特色产业发展、全面优化创新资源配置、积极完善创新创业生态、建立健全创新体制机制、打造优良创新政策环境等对策建议，能够为有关政府部门提供重要参考。同时，本研究对目前建设的 19 个国家自创区从多个角度进行了比较，对于不同地区、不同部门以及相关领域专家学者了解国家自创区建设发展的现状、特色和趋势特征等，具有一定的参考借鉴意义。

四　国家自主创新示范区比较与实证研究的思路与方法

（一）研究思路

本研究在分析国家自主创新示范区建设背景、发展进展的基础上，从发展策略、创新资源、创新机制、创新能力等多角度、多层面出发，对国家自创区建设发展情况进行综合比较，进而剖析国家自创区在建设发展中的共性特征、发展趋势与特色优势，建立国家自创区创新能力综合评估模型，以郑洛新国家自创区为实证研究案例，对郑洛新国家自创区创新能力进行定量评估，并结合国家自创区比较研究结论和经验启示，在剖析郑洛新国家自创区建设发展现状、问题挑战的基础上，提出加快推进郑洛新国家自创区发展的对策建议，以期对推动国家自创区高质量发展有所启示和提供参考借鉴。

（二）研究方法

文献资料法。主要是收集整理各方的文献资料和数据信息，对各个国家自主创新示范区的基本情况进行梳理，并对实证分析对象——郑洛新国家自主创新示范区的相关资料进行深度整理和分析，充分挖掘各种文献资料中的有效信息，为自创区比较研究提供支撑。

比较分析法。从总体情况、发展策略、创新资源、创新机制等多角度、多层次对国家自主创新示范区建设发展展开比较分析，揭示国家自主创新示范区建设中的趋势特征、现实问题和特色差异等。

定量分析法。综合运用层次分析法、加权综合评价法等定量分析方法，探讨国家自主创新示范区在现状成效、创新能力以及分类特征等方面的量化评估情况，揭示主要研究结论，为对策建议提供定量依据和支持。

实证分析法。聚焦各国家自创区建设发展现状，一方面立足各自创区发展实际，系统比较并深入剖析各国家自创区的现状特点，总结建设发展经验启示；另一方面以郑洛新国家自创区为重点实证案例，系统比较并研究郑洛新国家自创区与其他国家自创区建设发展中的特色、优势与不足，进而在分析郑洛新国家自创区发展现状、问题挑战的基础上提出其发展重点及对策建议等。

第二章
国家自主创新示范区总体情况
比较分析

国家自主创新示范区通常是所在城市乃至所在省份、所在区域的高新技术产业密集区、科技创新密集区、人才密集区,肩负着经济社会发展的先行区和主力军的重要作用。显然,国家自创区的发展与所在地的发展联动协调、密切相关。本章作为国家自创区比较研究的第一章,着重针对各国家自创区及其所在省份、城市的经济发展指标、创新发展指标进行比较分析,以把握各国家自创区所在地区的主要发展情况,进而对各国家自创区的发展基础、资源条件、综合环境等方面有所认识。目前 19 个国家自创区的建设基本上是基于现有的国家高新技术产业开发区来启动实施的,因此本章也对各国家自创区涉及的相关国家高新技术产业开发区进行了比较分析。基于上述考虑,本章主要对 19 个国家自创区所在的 17 个省(直辖市)、48 个城市、50 个高新技术产业开发区的相关指标及相关数据信息进行了比较分析,以期对国家自创区建设发展的总体情况进行深入梳理和分析把握。本章比较分析所用的数据均来自《中国城市统计年鉴 2017》和《中国科技统计年鉴 2017》。

一 主要经济指标比较分析

（一）地区生产总值及其增速

通过对国家自主创新示范区所在市 2016 年的地区生产总值比较分析，如图 2-1 所示，共有 11 个国家自创区所在的 12 个市地区生产总值达到万亿元以上，其中，上海和北京 2 个城市的地区生产总值超过 2 万亿元，上海以超过 2.8 万亿元位居第一；苏南国家自创区涉及的苏州市、南京市地区生产总值均达到万亿元以上，这也是由多地市高新区共同建设的国家自创区中唯一一个所在市达到万亿级以上水平的。从对 46 个地级以上市（江阴、昆山 2 个县级市未比较）的地区生产总值增速比较来看，除了大连、肇庆、沈阳之外，其余各国家自创区所在市的 GDP 增速均高于同期全国平均水平，增速达到 9% 的有 9 个；重庆增速最快，同时也是唯一一个增速超过 10% 的。从 2016 年各国家自创区所在市的地区生产总值增速比较来看，各市均保持了较快增速，尤其是合芜蚌、苏南国家自创区所在的各城市。中西部地区的国家自创区所在城市大部分进入地区生产总值增速排名前列，应该说，中西部地区后发赶超的态势得到一定体现。

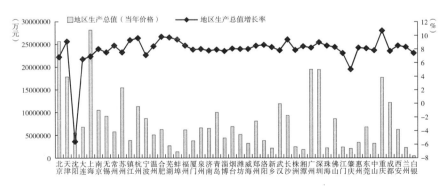

图 2-1　2016 年国家自主创新示范区所在市的地区生产总值

（当年价格）及其增速

资料来源：《中国城市统计年鉴 2017》。

（二）人均地区生产总值

从对国家自创区所在市的人均地区生产总值比较来看，如图 2 - 2 所示，在 46 个城市中，2016 年人均地区生产总值超过 10 万元的有 18 个市，在 5 万元到 10 万元之间的有 25 个市。超过 10 万元的 18 个市中，表现出与总量比较中相近的特征，即这 18 个市主要由地处长江经济带的城市、东南沿海城市构成，值得关注的是苏南国家自创区包含的苏州、无锡、南京、常州、镇江等市人均地区生产总值均处于前列；同时，山东半岛国家

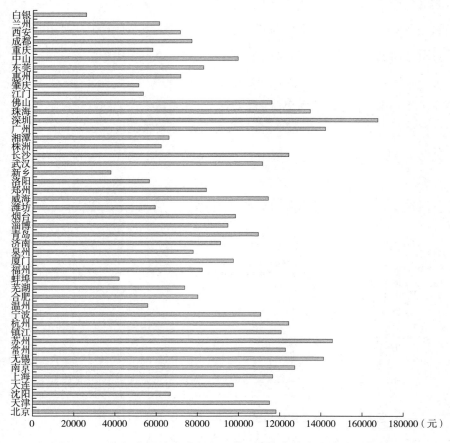

图 2 - 2　2016 年国家自主创新示范区所在市的人均地区生产总值

资料来源：《中国城市统计年鉴 2017》。

自创区包括的威海市、青岛市也进入这一队列，表现出了较好的发展态势，领先于中西部地区大多数城市。

（三）财政收支情况

从对46个国家自创区所在市的公共财政收入情况比较来看，如图2-3所示，2016年公共财政收入超过千亿元的有14个市，超过2000亿元的有5个城市，超过5000亿元的有2个城市，排名前几位的均为上海、北京、深圳等一线发达城市，中西部地区的武汉、青岛、郑州也进入前15位之列。从各市公共财政支出中的科学技术支出比较情况来看，共有6个城市的科技支出超过百亿元，分别是深圳、上海、北京、天津、广州和合肥，其中深圳市的科技支出超过了400亿元，居各市第一位，对深圳国家自创区打造具有世界影响力的国际创新中心提供了有力支撑。值得关注的是，2016年合肥市公共财政收入600亿元，在各市中总量并不强、优势并不明显的情况下，科技支出超过了100亿元，超过许多公共财政收入更高的城市，对于合肥市加快提升创新能力和综合竞争力具有重要推动作用。

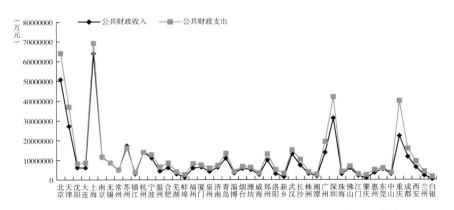

图2-3　2016年国家自主创新示范区所在市的公共财政收入及支出
资料来源：《中国城市统计年鉴2017》。

（四）比较分析主要结论

针对前述各国家自创区所在市的主要经济指标及比较分析情况，本研究对各指标前 20 位进行了排序和汇总，如表 2－1 所示。从表中各排序结果可以发现以下几个特点。

表 2－1　2016 年国家自主创新示范区所在市主要经济指标前 20 位排名

排名	地区生产总值	地区生产总值增速	人均地区生产总值	公共财政收入	科学技术支出
1	上海	重庆	深圳	上海	深圳
2	北京	合肥	苏州	北京	上海
3	广州	芜湖	广州	深圳	北京
4	深圳	杭州	无锡	天津	天津
5	天津	长沙	珠海	重庆	广州
6	重庆	蚌埠	南京	苏州	合肥
7	苏州	镇江	杭州	杭州	苏州
8	成都	天津	长沙	广州	武汉
9	武汉	深圳	常州	武汉	杭州
10	杭州	洛阳	镇江	成都	宁波
11	南京	珠海	北京	南京	南京
12	青岛	常州	上海	宁波	芜湖
13	长沙	福州	佛山	青岛	重庆
14	无锡	西安	天津	郑州	成都
15	宁波	郑州	威海	无锡	无锡
16	佛山	湘潭	武汉	长沙	珠海
17	郑州	温州	宁波	厦门	佛山
18	烟台	佛山	青岛	济南	东莞
19	东莞	兰州	中山	西安	中山
20	大连	新乡	烟台	沈阳	西安

资料来源：《中国城市统计年鉴 2017》。

一是上海、北京、深圳、广州等国内一线城市，同时也是经济实力和创新实力领先的城市，无论是在地区生产总值、人均地区生产总值等体现经济实力的指标中，还是在科学技术支出与公共财政收入的比较中，基本上处在前列，而这也为这些城市的国家自创区提供了明显优于其他自创区的发展基础、创新资源条件和创新发展环境。二是地处京津冀、长江经济带等重大国家战略规划地区的城市在各相关指标排名中基本上处在中上水平，尤其是其中的苏南国家自创区，其包含的镇江、无锡、常州等城市，表现出了较为突出的领先发展态势，对地处这些城市的国家自创区而言，如何用足用好国家战略优势，尤其是充分发挥国家自创区与其他国家战略规划的联动互促作用，是推进国家自创区高质量发展的重点。三是合芜蚌国家自创区的快速发展值得关注。无论是地区生产总值增速还是科学技术支出占公共财政支出的比重比较中，合肥、芜湖、蚌埠三个城市均居于前列，虽然这三市的经济总量和公共财政收入均未能进入相关城市比较中的前 20 名，但是在体现发展速度和科技投入的指标中均表现出明显优于其他城市的发展态势，以合肥市为例，其地区生产总值、人均地区生产总值和公共财政收入均未能进入前 20 名，但是合肥市 2016 年的地区生产总值增速位居第二，科学技术支出位居第六，其在这几个指标上的表现也体现出合肥市对科技创新的重视程度和支持力度，以及良好的发展态势。

二　创新相关指标比较分析

基于本章重点对各国家自创区的发展基础、发展环境进行比较分析，根据现有的数据可得性和可比性，从一个侧面比较、梳理各国家自创区在经济发展总体情况、创新发展总体情况的现状和特征，利用《中国科技统计年鉴2017》中的相关数据，从创新投入、创新能力、创新创业、创新成效等不同方面，对各国家自创区所处省（直辖市）的创新相关指标进行了比较分析。

（一）创新投入

从对国家自创区所在 17 个省（直辖市）研究与试验发展（R&D）经费投入强度的比较来看，如图 2-4 所示，2016 年超过半数的省（直辖市）的研发经费投入强度在 1% 到 2% 之间；上海、江苏、浙江、广东等省市的研发投入强度基本在 3% 上下，也居于较高水平；北京市的研发投入强度接近 6%，远远超过其他各省（直辖市）；在各国家自创区所在省（直辖市）的研发投入强度中，即使最低的甘肃省（1.22%），与全国其他未设立国家自创区的省份相比，也处在中等以上水平。从全国各省份比较来看，各国家自创区所在省（直辖市）的研发经费投入强度均明显高于大多数还没有设立国家自创区的省份。

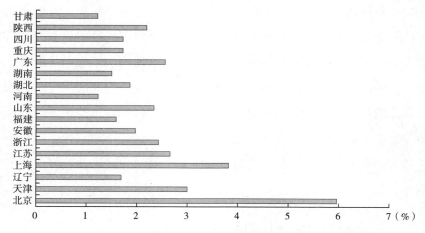

**图 2-4 2016 年国家自主创新示范区所在省（直辖市）的研究与
试验发展经费投入强度**

资料来源：《中国科技统计年鉴 2017》。

从对国家自创区所在 17 个省（直辖市）的研究与试验发展经费内部支出的比较来看，2016 年广东省、江苏省、山东省、北京市、浙江省、上海市的研发经费内部支出超过千亿元，湖北省、四川省、天津市、河南省、安徽省、湖南省、福建省、陕西省、辽宁省、重庆市的研发经费内部支出超过百亿元，甘肃省的研发经费内部支出接近 90 亿元，最高的广东省的研发经费内部支出是最低的甘肃省的 23 倍。从研发经费内部支出的投向来看，用于试验发展的经费支出占比最高，其次是应用研究支出占比，基础研究支出占比最低。比如北京市的研发经费内部支出中，14.2% 用于基础研究，23.4% 用于应用研究，62.3% 用于试验发展；广东省的研发经费内部支出中，4.2% 用于基础研究，8.1% 用于应用研究，87.7% 用于试验发展。从研发经费内部支出的资金来源来看，总体上企业资金占比最高，其次是政府资金，国外资金占比非常低，如图 2－5 所示。以政府资金、国外资金均为全国各省（直辖市）最高值的北京市为例，其研发经费支出中，政府资金占比最高，为 54.1%，企业资金占比接近 38%，国外资金占比为 2.2%。以企业资金额度较高的江苏省和广东省为例，江苏省的研发经费支出中，政府资金的占比为 7.5%，企业资金占比为 86%，国外资金占比为 0.6%；广东省的研发经费支出中，政府资金的占比为 9.2%，企业资金占比为 88%，国外资金占比为 0.6%。综合来看，相关各省（直辖市）的研发经费支出中，重点投向以试验发展为主，基础研究经费支出最低；大多数省（直辖市）的研发经费中，企业资金占绝大多数，利用国外资金的额度最低。

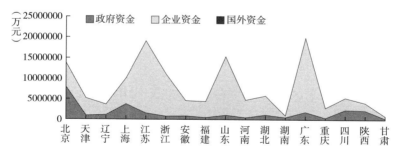

图 2－5　2016 年国家自主创新示范区所在省（直辖市）的 R&D 经费内部支出（政府资金、企业资金、国外资金）

资料来源：《中国科技统计年鉴 2017》。

（二）创新能力

本研究对于创新能力的比较主要选取了研究与实验发展（R&D）人

员数、R&D 项目（课题）数、R&D 机构数、有研发机构的企业数及其占规上工业企业数的比重、高技术企业数等指标来展开分析。

从对国家自创区所在 17 个省（直辖市）的研究与实验发展（R&D）人员数比较来看，如图 2-6 所示，2016 年研发人员数量排名前五位的分别是江苏省、广东省、浙江省、山东省和北京市，其中江苏省的研发人员数最多，超过了 76 万人，甘肃省的研发人员数最少，接近 4 万人。从研发人员中的全时人员（年度实际从事研发活动的时间占制度工作时间 90% 及以上的人员）数比较来看，排名前五位的分别是广东省、江苏省、浙江省、山东省和北京市。

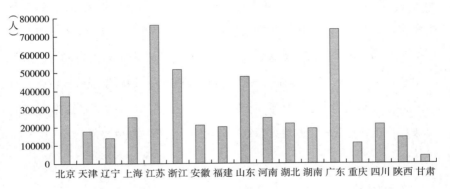

图 2-6　2016 年国家自主创新示范区所在省（直辖市）的研发人员数
资料来源：《中国科技统计年鉴 2017》。

从对国家自创区所在 17 个省（直辖市）的 R&D 项目（课题）数比较来看，如图 2-7 所示，2016 年研发项目（课题）数量排名前五位的分别是江苏省、广东省、北京市、浙江省和山东省。从各省（直辖市）的研发项目（课题）数量总体情况来看，主要可以分为三个队列，江苏省、广东省、北京市和浙江省的项目（课题）数均超过 10 万项，明显领先于其他各省（直辖市）；山东省、上海市以及湖北省、四川省、福建省、陕西省等的研发项目（课题）数基本在 2 万项到 8 万项之间；甘肃省的研发项目（课题）数最少，不到 1.5 万项。

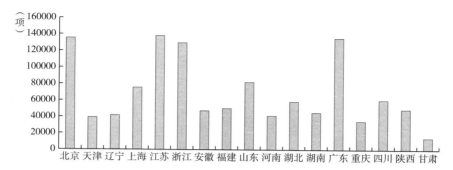

图 2 - 7　2016 年国家自主创新示范区所在省（直辖市）的研发项目（课题）数
资料来源：《中国科技统计年鉴 2017》。

从对国家自创区所在 17 个省（直辖市）的 R&D 机构数比较来看，如图 2 - 8 所示，2016 年北京市达到 396 个，远远高于其他各省份；山东省和广东省的研发机构数较接近，分别为 204 个、202 个；其他各省份的研发机构数基本在 50 个到 150 个之间，重庆市的研发机构数最少，为 37 个。

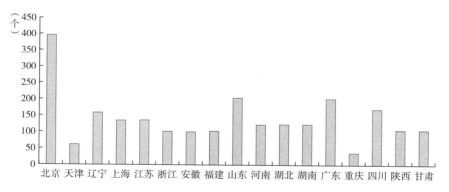

图 2 - 8　2016 年国家自主创新示范区所在省（直辖市）的研发机构数
资料来源：《中国科技统计年鉴 2017》。

企业作为重要的创新主体，其所拥有的研发机构情况也在一定程度上体现了企业的创新能力。从对国家自创区所在 17 个省（直辖市）拥有研发机构的企业数的比较来看，2016 年江苏省最多，达到 20910 家，占规模以上工业企业数的 43.7%，远远高于其他各省份；其次是广东省，有研发机构的企业数达到 9695 家，占规模以上工业企业数的 22.7%；排名第三位的是浙江省，有研发机构的企业数达到 9387 家，占规模以上工业企业数的 23.4%（见图 2 - 9）。

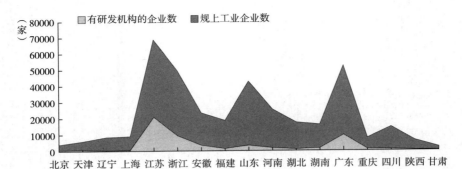

**图2-9　2016年国家自主创新示范区所在省（直辖市）的规上工业
企业数及拥有研发机构的企业数**

资料来源：《中国科技统计年鉴2017》。

从对国家自创区所在17个省（直辖市）的高技术企业数比较来看，
2016年广东省和江苏省分别居第一位和第二位，均超过了5000家；浙江
省、山东省、安徽省、河南省、湖北省、湖南省和四川省的高技术企业数
均在1000～2500家，其他各省份的高技术企业数均不到1000家；甘肃省
的高技术企业数最少，为121家（见图2-10）。

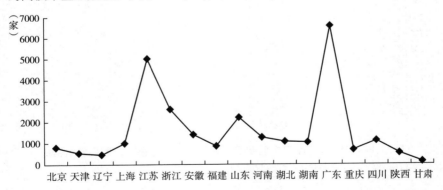

图2-10　2016年国家自主创新示范区所在省（直辖市）的高技术企业数

资料来源：《中国科技统计年鉴2017》。

（三）创新创业

推进创新创业对国家自创区持续激发创新动力活力具有重要意义。本
研究对创新创业的比较主要选取了孵化器数量、孵化器内企业总数、在孵

企业数、在孵企业从业人员数、当年获得风险投资额、在孵企业研发投入等指标来展开分析。

从对国家自创区所在 17 个省（直辖市）的孵化器数量比较来看，如图 2-11 所示，2016 年广东省和江苏省的孵化器最多，均超过了 500 个，远远超过其他各省（直辖市）；山东省的孵化器数量排名第三，有 216 个；浙江省、上海市、河南省、福建省、安徽省、四川省、天津市和北京市的孵化器数量在 100 个到 200 个之间；辽宁省、湖南省、湖北省、重庆市、陕西省、甘肃省的孵化器数量均不到 100 个。

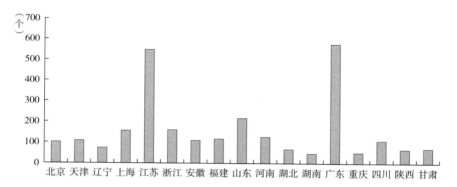

图 2-11　2016 年国家自主创新示范区所在省（直辖市）的孵化器数量
资料来源：《中国科技统计年鉴 2017》。

从对国家自创区所在 17 个省（直辖市）的孵化器内企业总数比较来看，2016 年排名前三的分别是江苏省、广东省和山东省，其中广东省最高，达到 28865 家，其次是江苏省达到 25000 家以上；此外，超过 1 万家的省份还有山东省和浙江省，其他各省份的孵化器内企业总数均在 1 万家以下。从对国家自创区所在 17 个省（直辖市）的在孵企业数比较来看，基本上与孵化器内企业总数的排名情况一致，前三位的依然是江苏省、广东省和山东省（见图 2-12）。

从对国家自创区所在 17 个省（直辖市）的在孵企业从业人员数的比较来看，如图 2-13 所示，各省份之间的差距比较明显，江苏省孵化器在孵企业从业人员数最多，达到 39.9 万人；其次是广东省，从业人员数为 24.6 万人；从业人员数超过 10 万人的还有河南省和山东省，分别为 15.5

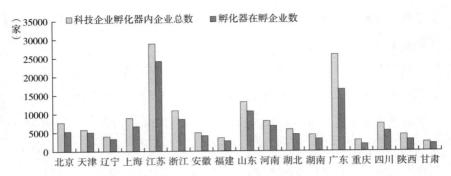

图 2-12　2016 年国家自主创新示范区所在省（直辖市）的科技企业孵化器内企业总数、孵化器在孵企业数

资料来源：《中国科技统计年鉴 2017》。

万人和 14.8 万人。重庆市和甘肃省在孵企业从业人员数最少，分别为 2.6万人和 2.8 万人。

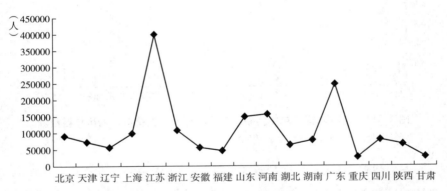

图 2-13　2016 年国家自主创新示范区所在省（直辖市）的在孵企业从业人员数

资料来源：《中国科技统计年鉴 2017》。

从对国家自创区所在 17 个省（直辖市）的孵化器当年获得风险投资额的比较来看，如图 2-14 所示，2016 年上海市和北京市的孵化器获得的风险投资额最高，分别达到 71.8 亿元和 70.2 亿元；广东省孵化器获得的风险投资额排名第三，达到 69.5 亿元。风险投资额超过 10 亿元的还有江苏省、浙江省、福建省、陕西省、山东省、天津市和四川省。

从对国家自创区所在 17 个省（直辖市）的在孵企业 R&D 投入的比较分析来看，如图 2-15 所示，2016 年江苏省的在孵企业研发投入最高，达

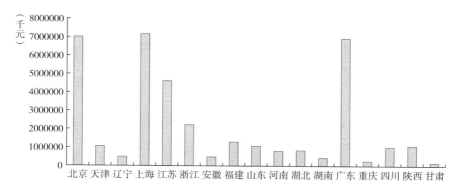

图 2 - 14　2016 年国家自主创新示范区所在省（直辖市）的科技企业孵化器当年获得风险投资额

资料来源：《中国科技统计年鉴 2017》。

到 82.8 亿元；其次是广东省，达到 67.7 亿元；超过 30 亿元的有浙江省和上海市，分别为 34.8 亿元和 31.7 亿元；超过 20 亿元的有北京市和山东省，分别为 27.4 亿元和 23.7 亿元；超过 10 亿元的省份有福建省、湖南省、天津市、四川省、陕西省和河南省。

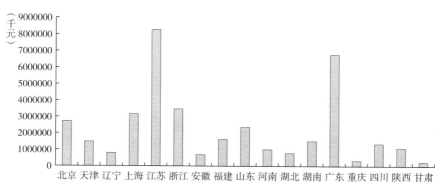

图 2 - 15　2016 年国家自主创新示范区所在省（直辖市）的孵化器在孵企业 R&D 投入

资料来源：《中国科技统计年鉴 2017》。

（四）创新成效

在前述主要针对创新投入、创新能力等创新基础条件、创新资源条件、创新环境条件等展开比较分析后，本部分主要通过对高技术产业生产经营情况、工业企业新产品业务收入情况、专利情况、技术市场技术输出情况等相关指标进行分析，对创新发展成效进行梳理和比较。

对国家自创区所在 17 个省（直辖市）的高技术产业生产经营情况的比较分析主要选取了高技术产业主营业务收入、利润总额和出口额等指标进行分析。从高技术产业主营业务收入和高技术产业利润总额的比较来看，如图 2－16 所示，2016 年广东省、江苏省和山东省的高技术产业主营业务收入比其他各省份高了一个数量级，其中，广东省和江苏省的高技术产业主营业务收入均超过 3 万亿元，分别达到 3.8 万亿元和 3.1 万亿元；超过万亿元的还有山东省，达到 1.2 万亿元；其余各省市中，除了甘肃省是 196 亿元，其他均达到千亿级。从高技术产业利润总额的比较来看，依然是广东省和江苏省居前两位，分别达到 2094 亿元和 2060 亿元；其余各省市中，除了甘肃省高技术产业利润总额为 24 亿元，其他各省市均达到百亿级。

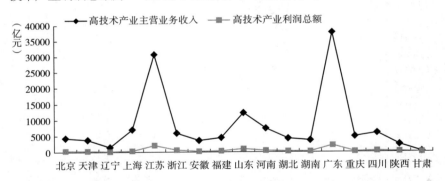

图 2－16　2016 年国家自主创新示范区所在省（直辖市）的高技术产业主营业务收入和高技术产业利润总额

资料来源：《中国科技统计年鉴 2017》。

从对国家自创区所在 17 个省（直辖市）高技术产业出口情况的比较来看，如图 2－17 所示，2016 年广东省和江苏省高技术产业出口交货值分别居第一位和第二位，达到 1.7 万亿元和 1.2 万亿元，远超过其他各省市；排在第三位的是上海市，达到 4226 亿元；高技术产业出口交货值超过千亿元的还有河南省、重庆市、福建省、山东省、四川省、浙江省、天津市。

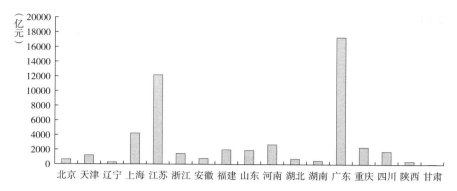

图 2 - 17　2016 年国家自主创新示范区所在省（直辖市）的高技术产业出口交货值
资料来源：《中国科技统计年鉴 2017》。

从对国家自创区所在 17 个省（直辖市）的规模以上工业企业新产品业务收入的比较来看，如图 2 - 18 所示，2016 年排名前四位的分别是广东省、江苏省、浙江省和山东省，均达到了万亿元以上；其他各省市中，除了甘肃省，均达到了千亿元以上。从各省市规模以上工业企业新产品收入占主营业务收入的比重来看，浙江省最高，达到 32.7%；第二位是上海市，达到 26.3%；第三位是广东省，达到 22.2%；新产品收入占比超过 20% 的还有天津市、北京市、湖南省和重庆市。

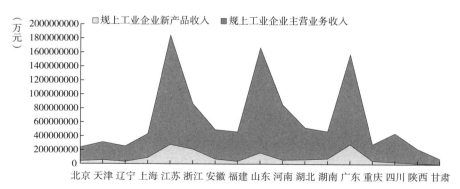

图 2 - 18　2016 年国家自主创新示范区所在省（直辖市）的
规上工业企业主营业务收入及其中新产品收入

资料来源：《中国科技统计年鉴 2017》。

从对国家自创区所在 17 个省（直辖市）的专利情况比较来看，如图

2-19 所示，分别选取了国内专利申请授权数、国内有效专利数、国内发明专利申请授权数 3 个指标进行比较分析。从国内专利申请授权数来看，超过 10 万件的从高到低分别为广东省、江苏省、浙江省和北京市。从国内发明专利申请授权数来看，共有 8 个省（直辖市）超过 1 万件，从高到低依次为江苏省、北京市、广东省、浙江省、上海市、山东省、安徽省和四川省。从国内有效专利数来看，广东省最多，超过 94 万件；其次是江苏省，达到 74 万件；第三位是浙江省，达到 73 万件。

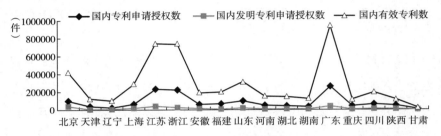

图 2-19　2016 年国家自主创新示范区所在省（直辖市）的国内专利申请授权数、国内有效专利数、国内发明专利申请授权数

资料来源：《中国科技统计年鉴 2017》。

从对国家自创区所在 17 个省（直辖市）的技术市场技术输出情况比较来看，如图 2-20 所示，技术市场技术输出合同金额最高的是北京市，达到 3940 亿元，高出其他各省份一个数量级；排在第二位的是湖北省，达到 904 亿元；第三、第四、第五位分别为陕西省、上海市和广东省。

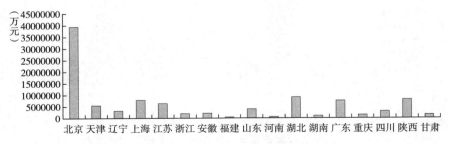

图 2-20　2016 年国家自主创新示范区所在省（直辖市）的技术市场技术输出合同金额

资料来源：《中国科技统计年鉴 2017》。

（五）比较分析主要结论

从对国家自创区所在省（直辖市）创新相关指标的比较分析中，主要得出以下五个方面的结论。

一是从国家自创区所在各省份创新能力的排名来看，主要根据数据可得性和可比性选取了体现创新投入的两个指标和体现创新重要资源的四个指标进行了比较和排名（见表2-2）。首先，国家自创区所在省份创新能力的区域差异依然显著。总体来看，东部地区的创新能力明显优于中部、西部和东北地区，中部地区的创新能力总体优于西部地区，东北地区的创新能力相对较弱。江苏、浙江、广东、北京、山东这五个东部省（直辖市）的创新能力基本占据了各项指标排名的前五位；中部地区的6省中，有四个省有国家自创区，西部地区12个省区市中也有四个省份有国家自创区，从表2-2中6个指标排名来看，总体上中部地区的创新投入、研发人员、企业研发等指标均优于西部地区。其次，东部地区的上海市和天津市在创新能力指标排名中并未表现出预想的明显领先态势。东部地区的北京、天津、河北、上海、江苏、浙江、福建、山东、广东和海南10个省市中，只有河北省尚未设立国家自创区。其余9个省市中，江苏、浙江、广东、山东均表现出明显领先的创新能力指标排名，反而是上海、天津甚至北京并未如预期那样各项指标排名领先，出现这一现象主要原因应该是这6个指标中以总量指标为主，相对指标偏少，只有一个研发经费投入强度指标，而北京、上海、天津正是在这个能更好体现实力的相对指标上排名领先。再次，中部地区相关各省的创新能力指标排名仍明显落后于东部地区各省市，但创新发展潜力值得关注，且表现出较好的总体发展态势。中部省份的创新投入尤其是从投入强度来看，依然偏低，如河南省、湖南省的研发经费投入强度还不到东部几个省份的一半；但是同时也要看到，中部几个省份的研发人员数、有研发机构的企业数排名靠前，这也在一定程度上说明中部地区创新发展的动力支撑和潜力空间。最后，西部地区和东北地区相关各省份的创新能力指标总体水平不高，其中，西部地区的四川省和重庆市各项指标排名在 17 个国家自创区所在的省市中中等偏上，甘肃、辽宁等综合排名相对靠后，各项指标竞争优势不足。

表 2 - 2　2016 年国家自主创新示范区所在省（直辖市）创新能力指标排名

排名	研究与试验发展（R&D）经费内部支出	研究与试验发展（R&D）经费投入强度	研究与试验发展（R&D）人员数	研究与试验发展（R&D）项目（课题）数	有研发机构的企业数	研究与开发机构数
1	广东	北京	江苏	江苏	江苏	北京
2	江苏	上海	广东	广东	广东	山东
3	山东	天津	浙江	北京	浙江	广东
4	北京	江苏	山东	浙江	安徽	四川
5	浙江	广东	北京	山东	山东	辽宁
6	上海	浙江	上海	上海	河南	江苏
7	湖北	山东	河南	四川	湖南	上海
8	四川	陕西	湖北	湖北	福建	湖南
9	天津	安徽	四川	福建	湖北	湖北
10	河南	湖北	安徽	陕西	重庆	河南
11	安徽	四川	福建	安徽	天津	陕西
12	湖南	重庆	湖南	湖南	四川	甘肃
13	福建	辽宁	天津	辽宁	北京	福建
14	陕西	福建	陕西	河南	上海	浙江
15	辽宁	湖南	辽宁	天津	陕西	安徽
16	重庆	河南	重庆	重庆	辽宁	天津
17	甘肃	甘肃	甘肃	甘肃	甘肃	重庆

二是从国家自创区所在省份创新创业指标的排名来看，如表 2 - 3 所示，首先，东部地区各省市的创新创业指标排名情况明显好于中部、西部和东北地区。在科技企业孵化器数量、孵化器在孵企业、在孵企业研发投入等各指标排名中，前五位基本是由江苏、广东、山东、浙江、上海或北京构成，东部地区在创新创业方面的优势较为突出。其次，上海市和北京市在（孵化器）当年获得风险投资额的指标排名中名列前茅，这也是上

海市和北京市在创新创业各指标排名中唯一领先的一个指标，这也表明上海市和北京市在创新创业环境、实力水平以及投资信心、投资空间潜力方面的优越性，同样的这几个方面也正是中西部省份在加快提升创新发展实力和水平方面需要重视并努力实现质的提升的重点难点所在。再次，河南省在创新创业指标排名上表现出较好的发展态势，科技企业孵化器在孵企业数和在孵企业从业人员数均进入前五位，孵化器数量和孵化器内企业总数均居第六位，也在一定程度上说明河南省近年来在大力推进创新创业方面的努力及成效。同时，也必须引起重视的是，河南省科技企业孵化器的风投额和在孵企业研发投入额在排名中基本处在中等偏下水平，而研发投入水平偏低正是制约河南提升创新能力的重要瓶颈因素之一。最后，重庆市和甘肃省在创新创业各项指标排名中明显落后，如何进一步增强大众创业万众创新的推进力度，增强创新人才、创新企业的整体力量，激发创新创业的动力活力值得关注。

表 2－3　2016 年国家自主创新示范区所在省（直辖市）创新创业指标排名

排名	科技企业孵化器数量	科技企业孵化器内企业总数	孵化器在孵企业	在孵企业从业人员	当年获得风险投资额	在孵企业研发投入
1	广东	江苏	江苏	江苏	上海	江苏
2	江苏	广东	广东	广东	北京	广东
3	山东	山东	山东	河南	广东	浙江
4	浙江	浙江	浙江	山东	江苏	上海
5	上海	上海	河南	浙江	浙江	北京
6	河南	河南	上海	上海	福建	山东
7	福建	北京	四川	北京	陕西	福建
8	安徽	四川	北京	四川	山东	湖南
9	天津	天津	天津	湖南	天津	天津
10	四川	湖北	湖北	天津	四川	四川
11	北京	安徽	安徽	陕西	湖北	陕西
12	辽宁	陕西	辽宁	湖北	河南	河南
13	甘肃	湖南	湖南	辽宁	辽宁	辽宁

排名	科技企业 孵化器数量	科技企业孵化 器内企业总数	孵化器在 孵企业	在孵企业 从业人员	当年获得风 险投资额	在孵企业 研发投入
14	湖北	辽宁	陕西	安徽	安徽	湖北
15	陕西	福建	福建	福建	湖南	安徽
16	重庆	重庆	甘肃	甘肃	重庆	重庆
17	湖南	甘肃	重庆	重庆	甘肃	甘肃

三是从国家自创区所在各省份高技术产业的相关指标排名来看，如表2-4所示，首先，东部地区仍然表现出明显的领先态势，在高技术产业相关4项指标排名前五位中，广东、江苏、山东、浙江和上海出现频次最高并且占据了前几位排名。其次，与前述对创新能力和创新创业的相关指标排名不同的是，在高技术产业相关指标排名前几位中，河南省、重庆市、四川省等省市排名明显靠前，其中河南省的高技术产业主营业务收入、高技术产业出口交货值2项指标在17个省市中排名第四，四川省在高技术产业4项指标中的排名也明显优于创新能力、创新创业等指标的排名。应该说，出现这一现象与河南省和四川省均为工业大省，产业体系相对完善、产业发展基础相对较好有直接关系。再次，河南省在高技术产业指标排名中表现出了较强的竞争力，一方面是由于河南省工业发展基础、发展实力具有一定的优势和竞争力；另一方面也是由于河南省近年来大力推动传统工业转型升级和开放创新发展带来的现实体现。最后，甘肃省、辽宁省和陕西省在高技术产业各项指标排名中普遍处在末几位，加快产业结构调整和优化升级步伐成为这几个省面临的挑战之一。

表2-4　2016年国家自主创新示范区所在省（直辖市）高技术产业指标排名

排名	高技术产业 企业数	高技术产业主营 业务收入	高技术产业 利润总额	高技术产业出口 交货值
1	广东	广东	广东	广东
2	江苏	江苏	江苏	江苏
3	浙江	山东	山东	上海

排名	高技术产业 企业数	高技术产业主营 业务收入	高技术产业 利润总额	高技术产业出口 交货值
4	山东	河南	浙江	河南
5	安徽	上海	河南	重庆
6	河南	四川	四川	福建
7	四川	浙江	上海	山东
8	湖北	重庆	福建	四川
9	湖南	福建	北京	浙江
10	上海	北京	天津	天津
11	福建	湖北	湖北	安徽
12	北京	天津	安徽	湖北
13	重庆	湖南	重庆	北京
14	天津	安徽	陕西	湖南
15	陕西	陕西	湖南	陕西
16	辽宁	辽宁	辽宁	辽宁
17	甘肃	甘肃	甘肃	甘肃

　　四是从国家自创区所在省份创新成效的指标排名来看，首先，在指标选择上从数据可得性和可比性出发，仅选取了专利相关指标和技术输出、新产品收入等指标进行比较，尽量通过有限的数据对创新发展成效有所体现。其次，东部地区各省份依然表现出了明显优于其他地区省份的排名结果，前五位排名依然是以广东省、江苏省、北京市、浙江省、山东省和上海市为主。再次，湖北省和陕西省在技术市场技术输出合同金额指标排名中，分别居第二位和第三位，仅次于北京市，尤其值得关注的是这两个省近年来在技术输出额上表现出了快速增长态势，例如2010年，湖北省和陕西省的技术市场技术输出合同金额分别为907218万元和1024140万元，到2016年则分别增长到9038371万元和8027887万元，从中也体现出湖北省和陕西省在科技成果转化和技术输出方面存在显著的优势。

表 2 - 5　2016 年国家自主创新示范区所在省（直辖市）创新成效指标排名

排名	国内专利申请授权数	国内有效专利数	国内发明专利申请授权数	技术市场技术输出合同金额	规上工业企业新产品收入
1	广东	广东	江苏	北京	广东
2	江苏	江苏	北京	湖北	江苏
3	浙江	浙江	广东	陕西	浙江
4	北京	北京	浙江	上海	山东
5	山东	山东	上海	广东	上海
6	福建	上海	山东	江苏	湖南
7	上海	福建	安徽	天津	安徽
8	四川	四川	四川	山东	湖北
9	安徽	安徽	湖北	辽宁	河南
10	河南	河南	陕西	四川	天津
11	陕西	湖北	福建	安徽	重庆
12	重庆	天津	湖南	浙江	北京
13	湖北	湖南	河南	甘肃	福建
14	天津	陕西	辽宁	重庆	辽宁
15	湖南	重庆	天津	湖南	四川
16	辽宁	辽宁	重庆	河南	陕西
17	甘肃	甘肃	甘肃	福建	甘肃

　　五是综合上述创新相关指标分析结果来看，首先，从东部地区到中部地区到西部地区再到东北地区的创新发展综合实力呈现较为明显的由高到低的梯度递减现象。其次，北京市和上海市作为国内改革开放创新发展的先行区和引领区，发展基础、发展环境和综合实力、竞争力均优于其他地区，对于创新资源的吸引力和凝聚力也优于其他地区，虽然其在一些创新发展相关总量指标上并未表现出明显领先态势，但是在研发投入强度等相对指标，或是获得风险投资额等体现综合竞争力的指标上，则明显领先于其他各省区市。再次，中西部地区创新发展的后发赶超态势明显。从中部、西部地区各省区市的各项创新指标排名情况来

看，总体上表现出了较强的加快发展态势，并且在创新创业、开放创新等某些指标领域已经开始表现出一定的优势和竞争力。最后，综合来看，东部地区各省市在创新指标比较中，无论是总量指标等数量型指标还是相对指标等质量型指标上均表现出领先优势；中部、西部地区各省份则表现出数量型指标排名靠前而质量型指标明显偏弱的总体态势，这体现了中西部创新发展弱势区域和后发区域在努力追赶甚至超越过程中的阶段性特征；东北地区和一些西部地区省份在创新指标比较中，依然表现出较大的发展压力，但是同时也要看到，在前述各省份的比较中，选取的均是设立了国家自创区的省市，相对而言，这些省市的创新发展指标水平普遍要高于大多未设立国家自创区的省区市。

三 高新技术产业开发区比较分析

从国家批复建设的 19 个国家自创区来看，大多是依托现有国家高新技术产业开发区来启动建设的。本章在进行国家自创区总体情况比较分析，力图对国家自创区的发展背景、发展基础、发展环境有所把握的基础上，专门针对各国家自创区相关的 50 个国家高新技术产业开发区建设发展情况进行比较分析，重点从创新能力、创新成效、开放发展等方面选取相关指标，展开比较和分析。

（一）创新能力

对国家自创区相关的 50 个国家高新区创新能力的比较，重点选取了企业数和从业人员数等指标进行比较。从国家自主创新示范区所在高新技术产业开发区 2016 年的企业数来看，如图 2-21 所示，中关村国家自创区的企业数远远多于其他各高新区，达到 19869 个；其他各高新区的企业数均在 5000 个以下，1000 个以下的占大多数，其中达到 4000 个以上的有上海张江高新区和天津滨海高新区，达到 3000 个以上的有西安高新区和武汉东湖高新区。

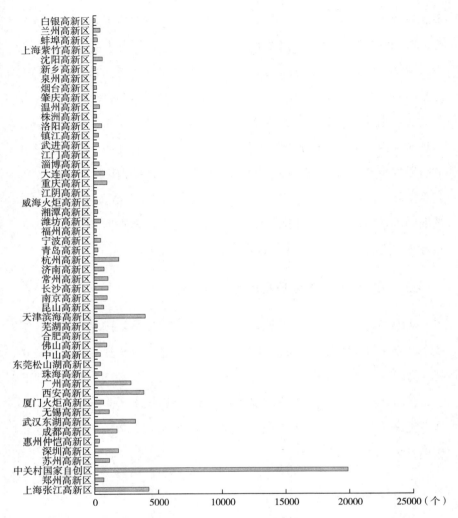

图 2 - 21　2016 年国家自主创新示范区所在高新技术产业开发区的企业数

资料来源:《中国科技统计年鉴 2017》。

从各高新区的从业人员情况比较来看,如图 2 - 22 所示,北京中关村国家自创区内的从业人员数最多,超过了 248 万人;其次是上海张江高新区,从业人员数超过 91 万人;武汉东湖高新区从业人员数接近 55 万人,排第三位;排第四位和第五位的分别是深圳高新区和广州高新区,从业人员数分别达到 49 万人和 47 万人。

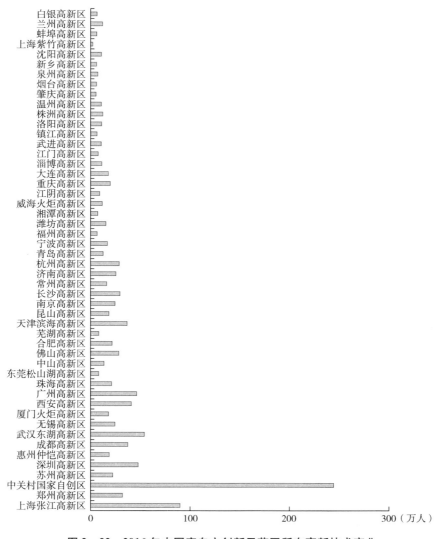

图 2-22　2016 年末国家自主创新示范区所在高新技术产业

开发区从业人员数

资料来源：《中国科技统计年鉴 2017》。

（二）创新成效

对各国家高新区创新成效的比较重点选取了各高新区的总产值、营业收入及其中的技术收入、净利润和实缴税费等指标进行分析。从各高新区总产值的比较来看，如图 2-23 所示，超过 9000 亿元的有上海张江高新区和北京中关村国家自创区，超过 7000 亿元的有武汉东湖高新区和西安高新区，超过 4000 亿元的有天津滨海高新区、深圳高新区、长沙高新区和成都高新区，超过 3000 亿元的有郑州高新区、南京高新区、广州高新区、佛山高新区、无锡高新区和合肥高新区。

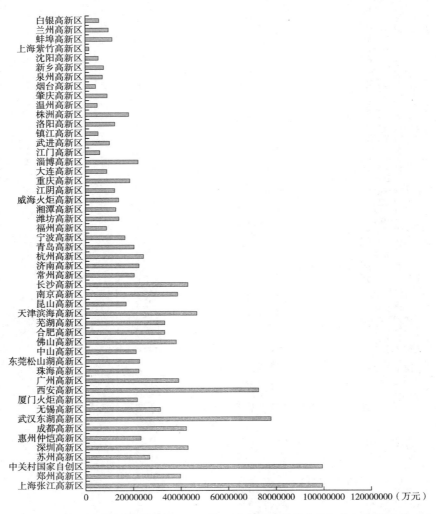

图 2-23 2016 年国家自主创新示范区所在高新技术产业开发区的总产值

资料来源：《中国科技统计年鉴 2017》。

从各高新区营业收入及其中技术收入的比较来看，如图 2 - 24 所示，北京中关村国家自创区的营业收入远远超过其他高新区，达到 46047 亿元；超过 1 万亿元的还有 3 个高新区，分别是上海张江高新区、武汉东湖高新区和西安高新区。从技术收入的比较来看，依然是北京中关村国家自创区最高，达到 7580 亿元；技术收入超过千亿元的还包括武汉东湖高新区（2643 亿元）、上海张江高新区（1897 亿元）、深圳高新区（1363 亿元）、杭州高新区（1292 亿元）和成都高新区（1264 亿元）。从技术收入占营业收入的比重来看，杭州高新区占比最高，达到 29.4%；其次是沈阳高新区，占比 28%；技术收入占营业收入比重超过 20% 的还有武汉东湖高新区，为 23.3%，成都高新区和深圳高新区为 22%，常州高新区为 21.6%。

从各高新区的净利润和实缴税费的比较来看，如图 2 - 25 所示，有 2 个高新区的净利润额超过千亿元，其中北京中关村国家自创区的净利润额最高，达到 3170 亿元；其次是上海张江高新区，达到 1609 亿元。实缴税费超过千亿元的高新区只有北京中关村国家自创区，达到 2314 亿元；上海张江高新区的实缴税费为 898 亿元，位居第二。

（三）开放发展

从对各高新区对外贸易的比较分析来看，如图 2 - 26 所示，上海张江高新区和郑州高新区的出口额远远高于其他高新区，分别达到 1983 亿元和 1965 亿元；排在第三位的是北京中关村国家自创区，出口额达到 1747 亿元；出口额超过千亿元的还有苏州高新区 1471 亿元，深圳高新区 1294 亿元，惠州仲恺高新区 1266 亿元和成都高新区 1053 亿元；此外，还有 9 个高新区的出口额在 500 亿元到 1000 亿元之间，有 14 个高新区的出口额不到 100 亿元。

（四）比较分析主要结论

在本部分对高新技术产业开发区的比较分析中，主要基于国家自创区

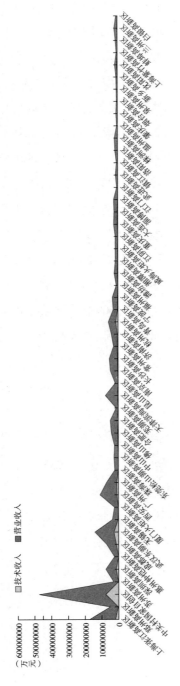

图 2 - 24　2016 年国家自主创新示范区所在高新技术产业开发区的营业收入及其中技术收入

资料来源：《中国科技统计年鉴 2017》。

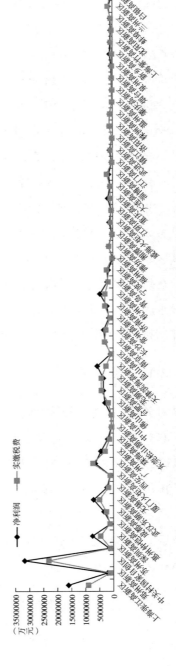

图 2 - 25　2016 年国家自主创新示范区所在高新技术产业开发区的净利润和实缴税费

资料来源：《中国科技统计年鉴 2017》。

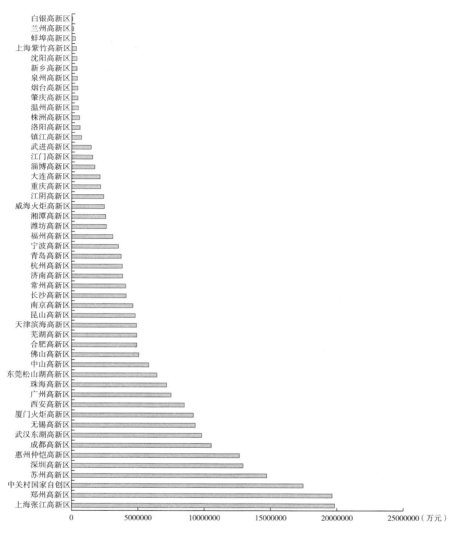

图 2 - 26　2016 年国家自主创新示范区所在高新技术产业开发区的出口额

资料来源:《中国科技统计年鉴 2017》。

依托各地国家高新区而启动建设这一发展实际,通过对各高新区的比较分析,以期从一个侧面对国家自创区的发展基础、发展环境等有所认识。本部分主要针对 50 个国家高新区,选取了 9 个相关指标,从创新能力、创新成效、开放发展等几个角度,对各国家高新区的 2016 年发展指标数据进行了比较分析（见表2-6）。通过前述的数据比较和态势特点分析，可以得出以下几个主要结论。

1. 北京中关村国家自创区和上海张江高新区处于各高新区的领先地位

从表2-6中可以看出，各项指标排名的前2位基本上被中关村国家自创区和上海张江高新区占据。出现这一结果显然并不意外，这两个高新区分别位于北京、上海这两个中国发展的核心引领型城市，从高新区的建设发展来看，这两个高新区在国内各高新区中启动最早、基础最好、资源最优、实力最强，一直以来都是肩负着引领、示范、带动所处区域乃至国内各高新区，甚至是中国改革开放创新发展的排头兵和探路者的使命。尤其是近年来，随着全面深化改革的不断深入推进，北京中关村国家自创区和上海张江高新区积极探索深化改革深化创新之路，形成了一批可复制可推广的经验，无论是带动高新区还是自创区发展，都发挥了重要的示范引领作用。

2. 武汉东湖高新区、深圳高新区和西安高新区居于各高新区发展前列

从表2-6所列出的各指标排名前五位高新区来看，武汉东湖高新区、深圳高新区和西安高新区具有相对突出的发展优势。如果将北京中关村国家自创区和上海张江高新区作为国内各高新区发展的第一梯队，那么武汉东湖高新区、深圳高新区和西安高新区则构成国内各高新区发展的第二梯队。值得关注的是，一方面打造区域创新中心是这几个高新区的共同定位和目标，从指标排名也可以看到这几个高新区所具有的较强的综合实力与竞争力；另一方面武汉东湖高新区和西安高新区的综合排名也在一定程度上表明中部地区的高新区发展已经由后发向赶超转变，尤其是近年来中西部地区的快速发展，中西部各省份高新区也纷纷把创新引领发展作为重要目标动力，与北京、上海以及东南沿海先进地区的差距也在不断缩小，并且以武汉东湖高新区、西安高新区为代表，逐步走向创新引领发展的前列。

表2-6 2016年国家自主创新示范区所在高新技术产业开发各项指标前20位排名

排名	企业数	期末从业人员数	总产值	营业收入	技术收入	技术收入占营业收入比重	净利润	实缴税费	出口额
1	中关村国家自创区	中关村国家自创区	上海张江高新区	中关村国家自创区	中关村国家自创区	杭州高新区	中关村国家自创区	中关村国家自创区	上海张江高新区
2	上海张江高新区	上海张江高新区	中关村国家自创区	上海张江高新区	武汉东湖高新区	沈阳高新区	上海张江高新区	上海张江高新区	郑州高新区
3	天津滨海高新区	武汉东湖高新区	武汉东湖高新区	武汉东湖高新区	上海张江高新区	武汉东湖高新区	深圳高新区	西安高新区	中关村国家自创区
4	西安高新区	深圳高新区	西安高新区	西安高新区	深圳高新区	成都高新区	武汉东湖高新区	武汉东湖高新区	苏州高新区
5	武汉东湖高新区	广州高新区	天津滨海高新区	天津滨海高新区	杭州高新区	深圳高新区	西安高新区	深圳高新区	深圳高新区
6	广州高新区	西安高新区	长沙高新区	深圳高新区	成都高新区	常州高新区	天津滨海高新区	合肥高新区	惠州仲恺高新区
7	杭州高新区	成都高新区	深圳高新区	广州高新区	广州高新区	上海紫竹高新区	杭州高新区	芜湖高新区	成都高新区
8	深圳高新区	天津滨海高新区	成都高新区	成都高新区	西安高新区	中关村国家自创区	广州高新区	南京高新区	武汉东湖高新区
9	成都高新区	郑州高新区	郑州高新区	长沙高新区	合肥高新区	广州高新区	合肥高新区	广州高新区	无锡高新区
10	苏州高新区	长沙高新区	广州高新区	郑州高新区	常州高新区	大连高新区	芜湖高新区	济南高新区	厦门火炬高新区

续表

排名	企业数	期末从业人员数	总产值	营业收入	技术收入	技术收入占营业收入比重	净利润	实缴税费	出口额
11	无锡高新区	杭州高新区	南京高新区	杭州高新区	济南高新区	合肥高新区	成都高新区	杭州高新区	西安高新区
12	常州高新区	佛山高新区	佛山高新区	南京高新区	天津滨海高新区	济南高新区	长沙高新区	天津滨海高新区	广州高新区
13	长沙高新区	济南高新区	合肥高新区	合肥高新区	长沙高新区	潍坊高新区	佛山高新区	长沙高新区	珠海高新区
14	合肥高新区	南京高新区	芜湖高新区	佛山高新区	沈阳高新区	上海张江高新区	南京高新区	成都高新区	东莞松山湖高新区
15	重庆高新区	无锡高新区	无锡高新区	济南高新区	大连高新区	青岛高新区	无锡高新区	宁波高新区	中山高新区
16	南京高新区	苏州高新区	苏州高新区	无锡高新区	青岛高新区	威海火炬高新区	济南高新区	淄博高新区	佛山高新区
17	佛山高新区	合肥高新区	杭州高新区	宁波高新区	郑州高新区	重庆高新区	郑州高新区	佛山高新区	合肥高新区
18	大连高新区	珠海高新区	惠州仲恺高新区	苏州高新区	潍坊高新区	中山高新区	青岛高新区	无锡高新区	芜湖高新区
19	济南高新区	重庆高新区	东莞松山湖高新区	东莞松山湖高新区	佛山高新区	西安高新区	珠海高新区	兰州高新区	天津滨海高新区
20	昆山高新区	惠州仲恺高新区	济南高新区	青岛高新区	重庆高新区	福州高新区	重庆高新区	青岛高新区	昆山高新区

资料来源：《中国科技统计年鉴2017》。

3. 广州高新区、成都高新区、天津滨海高新区、杭州高新区、郑州高新区在各项指标排名中成绩突出

从表 2 - 6 所列出的各项指标排名前十位高新区来看，广州高新区、成都高新区、天津滨海高新区、杭州高新区、郑州高新区均表现出了良好的发展态势，综合实力突出。这 5 个高新区既包含了广州、天津这种沿海先进地区的高新区，也包含了杭州这种地处长江经济带核心地区的高新区，还有成都、郑州这种中西部地区的高新区，这也从一个侧面佐证了国内创新发展的区域差异已经开始逐步缩小。同时，结合上一小节对国家自创区所在省份的创新指标比较分析结果，广东省、四川省在创新能力、创新成效等方面表现出来的突出亮点和较好的发展态势，也和本小节中广州高新区、成都高新区等表现出的指标排名结果相互呼应和印证。

4. 发展亮点值得格外关注

技术收入占营业收入比重和出口额这两个体现创新发展质量的指标，在表 2 - 6 所示的各高新区排名结果中表现出不同的态势、特点，也可以说是国内高新区发展的亮点，值得关注。从技术收入占营业收入的比重来看，排名前五位的分别是杭州高新区、沈阳高新区、武汉东湖高新区、成都高新区和深圳高新区，这也是在本部分各指标比较排名中，唯一一个指标前几名高新区中没有北京、上海、广州等先进地区高水平高新区。从这五个高新区来看，杭州高新区一直致力于引领带动新产业新经济的快速发展，沈阳高新区是创新驱动东北老工业基地转型振兴的引领区，武汉东湖高新区以打造创新驱动发展的典范为目标，可以说，正是这些以高质量发展为引导的区域创新探索，为这几个高新区在技术收入占营业收入比重这一凸显质量导向的指标上带来亮眼成绩。从高新区出口额的比较来看，上海张江高新区作为上海这个中国开放前沿和国际化大都市的高新产业集聚区，对外贸易指标领先有其必然性。同样的，中关村国家自创区、深圳高新区的出口额排名均在前五位。值得关注的是，郑州高新区出口额达到

1965 亿元，比第一位的上海张江高新区少了不到 20 亿元，比第三位的中关村国家自创区多了近 20 亿元。作为地处中部发展中农业大省，不沿海不沿边的内陆高新区，郑州在对外贸易方面能够取得如此亮眼成绩，应该说与郑州高新区，尤其是郑州市大力推动开放创新双驱动，河南省全面推动开放创新相互融合相互促进的战略导向和政策支持密不可分。

第三章

国家自主创新示范区发展策略比较分析

国家自主创新示范区获批成立后，首先就要谋划确定各个国家自主创新示范区建设发展的顶层设计，提出路线图和时间表，而这些通常都是以实施意见、发展规划、规划纲要等形式，来具体明确本自创区发展的总体思路、战略定位、阶段性目标、重点任务及实施路径和对策等关键内容，进而指导自创区接下来的建设发展各项工作。本章主要聚焦我国目前已经获批成立的 19 个国家自主创新示范区，基于这些自创区已经公开发布的实施意见、发展规划或者规划纲要等总体指导性建设发展蓝图，对各自创区的发展思路、战略定位、发展目标、空间布局、主导产业和重点任务等核心内容进行比较分析，一方面通过这些比较，力图对我国这些自创区的建设发展有一个总体的认识和把握；另一方面也通过对各自创区发展路线重点的比较，力图从中剖析我国自创区建设发展的区域特色、优势条件，以及具有创新性、高效性等特性的思路、做法等，进而对各国家自创区今后的高质量发展有所借鉴启示。

一 发展思路比较分析

（一）基本情况比较

从对现有各国家自创区发展思路的汇总、比较中可以发现在发展思路方面，各国家自创区具有比较突出的共性，一是各自创区提出的发展思路均清晰表明，各自创区均把创新驱动发展战略摆在发展全局的核心位置，围绕全面提升创新能力和水平，结合区域发展特色和发展目标要求，谋划各个自创区建设发展的思路和重点。二是创新、协调、绿色、开放、共享五大发展理念成为各自创区在明确发展思路中起指导性作用的根本理念，以五大理念推动自创区改革创新发展成为各自创区的普遍共识。三是体制机制改革创新被各个自创区普遍关注并列为工作重点，破除体制机制障碍，激发创新动力活力，并力争在体制机制改革创新方面大胆探索，形成可复制可推广经验，已经成为各自创区建设发展中的思路重点和工作关键。各国家自创区发展思路比较情况见表3－1。

（二）主要特点比较

在对各国家自创区发展思路的比较中也总结出一些较为突出的特点，一是创新生态日益受到关注和重视，如深圳国家自创区提出要优化完善综合创新生态体系，苏南国家自创区提出要着力优化创新创业生态，长株潭国家自创区提出要以优化创新创业生态为主线，兰白国家自创区提出要营造良好创新生态环境等。从这几个自创区提出关于优化创新生态的发展思路来看，都是聚焦于通过优化创新生态，为创新发展的活力和持续性提供优良的设施基础、政策条件、体制机制、文化氛围等软硬发展条件，进而促进创新更有活力更高效率更可持续。

二是开放创新成为新时期新阶段国家自创区高质量发展的重要路径，如北京中关村国家自创区提出要着力深化开放合作创新，武汉东湖国家自

表 3 - 1 国家自主创新示范区发展思路比较

序号	名称	主要发展思路
1	北京中关村国家自主创新示范区	牢牢抓住国家实施创新驱动发展、京津冀协同发展、"一带一路"倡议等重大战略机遇，更加注重创新对重构供给侧结构性改革的基础、关键和引领作用，着力深化全面创新改革，着力提升创新驱动发展能力，着力加强一区多园统筹协同发展，着力深化开放合作创新，构建跨层级跨区域创新生态系统，在更大范围内促进创新链、产业链、服务链、资金链和园区链深度融合，打造中关村升级版，引领大众创业万众创新新潮流
2	武汉东湖国家自主创新示范区	围绕创新型国家建设和武汉城市圈 "两型" 社会综合配套改革的总体要求，坚持 "创新驱动、绿色发展，开放合作、辐射带动"，充分发挥科教与人才资源优势，加快推进体制机制创新、完善区域创新体系，培育发展战略性新兴产业，着力培养集聚一批优秀创新人才，研发转化一批国际领先的科技成果，做强做大一批具有全球影响力的创新型企业，打造一批国际知名的创新品牌，努力突破科教与经济协调发展的制度瓶颈，大幅提升区域自主创新能力和辐射带动能力
3	上海张江国家自主创新示范区	以创新为动力，以人才为核心，以良好的体制机制和创新创业环境为保障，深化改革，扩大开放，形成科技创新与金融、贸易、投资、文化等要素的良性互动，激发各类创新主体的活力，加快科技创新成果向现实生产力转化，实现创新功能、产业功能和城区功能的融合发展
4	深圳国家自主创新示范区	主动适应经济发展新常态，大胆探索，勇于创新，深化体制机制改革，加强实施创新驱动发展战略，优化完善综合创新生态体系，积极打造创新型经济，提升深圳质量，打造深圳标准
5	苏南国家自主创新示范区	充分发挥苏南地区科教人才开发优势和科技创新能力，加强创新驱动发展的顶层设计和整体谋划，坚持以创新驱动发展为导向，全面提升自主创新能力，着力优化创新创业生态，坚持企业在创新中的主体地位，增强创新核心载体功能，推动产业结构转型升级，加快建设创新驱动发展引领区； 坚持以深化改革为突破口，全面深化体制机制改革，着力破除体制机制障碍，开展激励创新政策先行先试，充分发挥市场在资源配置中的决定性作用，最大限度地激发科技第一生产力的巨大潜能，加快建设深化科技体制改革先行区； 坚持以建设一流创新高地为着力点，全面推进区域协同创新，着力优化创新布局，强化协同效应，提升区域创新体系整体效能，加快建设区域创新一体化先行区

国家自主创新示范区建设比较与实证研究

续表

序号	名称	主要发展思路
6	长株潭国家自主创新示范区	充分发挥长株潭地区科教资源集聚和体制机制灵活的优势，以优化创新创业生态为主线，以体制机制创新为动力，以创新人才为第一资源，按照"创新驱动、体制突破、区域协同"的原则，积极开展激励创新政策先试，激发各类创新主体活力，强化知识产权保护，推进科技成果转移转化，最大限度地释放创新潜力和创造活力，形成大众创业万众创新的良好局面
7	天津国家自主创新示范区	坚持"创新驱动、高端引领、开放合作、辐射带动"，实施"一五四"战略，以"打造具有国际竞争力的产业创新中心"为总目标，围绕科技型企业、发展要素、创新要素、示范，发展空间、配套环境和开放合作重点开展五个示范，推进天津市创新型城市建设再上新水平、带动老工业基地转型升级跨越发展
8	成都国家自主创新示范区	全面深化改革，推进创新，主动融入国家"一带一路"建设，"长江经济带"建设和省委"三大发展战略"，加快全面创新改革试验区建设，积极衔接成德绵地区全面创新改革试验等重大部署，对标世界一流科技园区，着力加强顶层设计、高起点、高标准建成创新发展的新引擎，重点构建富有活力的新型产业体系，努力形成"大众创新、万众创业"的新局面
9	西安国家自主创新示范区	围绕世界一流科技园区的总体目标，明晰具有国际竞争力的先进制造创新中心和"一带一路"创新之都的战略定位，深入实施创新驱动、国际化提升和产业融合三大战役，主导产业跃升、高端人才跨越、国际化水平提升和环境承载能力改善五大工程，加快建设国家自主创新示范区，努力实现在全国从跟随、并行到领跑的历史新的历史跨越，推动西安高新区在新的历史起点上实现新突破
10	杭州国家自主创新示范区	围绕国家创新型城市建设，长江三角洲区域规划的要求，以建设具有全球影响力的"互联网＋"创新创业中心为目标，打造中国先行区，敢闯敢试、面向世界、带动腹地，深化科技体制改革，增强自主创新能，集聚创新资源要素，优化创新发展环境，以创新驱动发展加快"一基地四中心"和万众创业、万众创新"树立样本，为全国"大众创业、为推进以科技创新为核心的全面创新提供示范

序号	名称	主要发展思路
11	珠三角国家自主创新示范区	以创新驱动发展为核心战略和总抓手，在全面创新改革试验中先行先试，突出提高自主创新能力，培育创新型企业，形成区域创新格局和强化创新政策保障等四个方面，着力完善开放型区域创新体系，建设重大平台体系、自主研发体系、孵化育成体系、公共服务体系、信息网络体系，支撑引领珠三角产业转型升级，在全省率先形成以创新为主要引领和支撑的经济体系和发展模式，加快建成创新驱动发展先行示范区
12	郑洛新国家自主创新示范区	以提升自主创新能力为核心、以创新政策的先行先试为切入点，以创新驱动发展的引领示范为着力点，以实现经济发展方式转变和经济转型升级为主线，以深化改革和扩大开放为动力，以实现中原崛起、河南振兴、富民强省为目标，引进高端科技人才发挥河南人才资源优势相结合，加快发展战略性新兴产业与改造提升传统优势产业相结合，把郑洛新国家自主创新示范区建设成为引领带动全省创新驱动发展的综合载体和增长极
13	山东半岛国家自主创新示范区	以促进经济转型升级、建设创新型省份和制造强省为目标，以深化改革与机制创新为动力，以增强自主创新能力为核心，以区域协同发展为路径，加速科技与经济的深度融合，突出区域创新特色和产业特色，着力构建符合创新规律的新机制和创新创业生态环境，激发各类主体创新动力和活力，努力在发展动能和发展方式上实现根本性转变，塑造更多依靠创新驱动、更多发挥先发优势的引领型发展，把示范区打造成为全省创新驱动发展的示范样板，把示范区打造成为全省创新驱动发展的增长极
14	沈大国家自主创新示范区	以推进沈大国家自主创新示范区创新发展为着力点和突破口，大力营造有利于创新的良好条件，充分发挥沈大国家自主创新示范区创新驱动发展的引领作用，辐射带动关联产业发展，支撑引领沈大高新技术产业健康发展，以点带面扩大辐射示范效应，支撑引领全省经济健康发展
15	福夏泉国家自主创新示范区	一

续表

序号	名称	主要发展思路
16	合芜蚌国家自主创新示范区	面向世界科技前沿、面向经济主战场、面向国家重大需求，把创新作为最大政策，把创新驱动发展战略深入各个领域、各个行业，把合芜蚌国家自主创新示范区建设作为系统推进全面创新改革试验的依托，以供给侧结构性改革为主攻方向，以高新技术产业开发区（以下简称高新区）等园区为主力军，以促进高端科技人才与大众创业万众创新结合为重要使命，科研院所为重要基础和生力军，加快构建技术创新体系（战略性新兴产业集聚发展基地（以下简称重大新兴产业体系）、以高校、科技和产业、平台和资本、金融和资本、制度和政策四大创新体系，统筹推进重大新兴产业集聚发展基地（战略性新兴产业专项、重大新兴产业工程、建设创新型现代产业体系（以下简称"三重一创"），下好创新"先手棋"，着力提高创新供给的质量和效率，率先探索创新驱动调结构转方式促升级的新机制
17	重庆国家自主创新示范区	以"一核心两拓展"为引领，"一核心"是指照母山科技创新生态城，"两拓展"为水土高新城、龙盛现代城，大幅提升自主创新能力，建设创新性产业集群，促进创新创业生态的不断优化，带动形成全域创新发展的格局
18	宁波温州国家自主创新示范区	—
19	兰州白银国家自主创新示范区	充分发挥兰州、白银的区位优势，创新资源和产业基础优势，通过体制机制创新和政策先行先试，打造"愿意来、留得住、有活力、能发展"的创新生态环境，营造良好创新生态环境，激发各类主体创新活力，万众创新、大众创业，为实现创新引领欠发达地区转型跨越发展提供示范

注：福厦泉国家自主创新示范区和宁波温州国家自主创新示范区的实施方案已经制定，但未能找到公开发布的全文，所以未能列入比较分析表。

创区提出要坚持开放合作，天津国家自创区提出要围绕开放合作开展示范，珠三角国家自创区提出要着力完善开放型区域创新体系等。开放创新已经成为自创区建设发展的重要模式和路径，尤其在提升科技创新实力和水平方面，仅仅依靠自身的人才、机构等创新资源已经不能实现创新对经济社会发展的有力引导与支撑，尤其是难以应对日益激烈的市场竞争。各自创区通过开放合作创新，积极引入外部创新人才、机构、资金等开展协同创新，进而提高创新资源的集聚和优化配置能力，更好地利用域内域外创新资源，拓展创新模式和提高创新水平。

三是创新创业是自创区不断深化创新驱动发展的活力之源和重要载体，如北京中关村国家自创区提出要引领大众创业万众创新新潮流，上海张江国家自创区提出要以良好的体制机制和创新创业环境作为发展保障，苏南自创区提出要为创新创业提供优良生态环境，杭州国家自创区提出要为全国"大众创业，万众创新"树立样板，以及兰白国家自创区提出要形成大众创业、万众创新的生动局面等。由此不难看出，国家自创区作为在创新驱动发展中率先探索的先行先试者，肩负着引领、示范、带动本区域经济发展的重要使命，推进大众创业万众创新已经成为国家自创区催生创新力量、优化创新机制、提高创新效率、缩短创新路径的重要选择。同时国家自创区在推动大众创业万众创新上的率先探索，已形成了一批可复制可推广的模式路径和经验，进而为引领带动大众创业万众创新在更大区域、更大范围、更高层次、更深程度上的推进拓展发挥了重要作用。

四是形成国家战略互促并进的协同发展合力日益受到重视，如北京中关村国家自创区在提出发展思路时，首先就明确了要牢牢抓住国家实施创新驱动发展、京津冀协同发展、"一带一路"倡议等重大战略机遇，武汉东湖国家自创区提出在建设发展中要围绕创新型国家建设和武汉城市圈"两型"社会综合配套改革的总体要求，成都国家自创区提出要主动融入国家"一带一路"建设、"长江经济带"建设，杭州国家自创区提出要对接国家创新型城市建设、长江三角洲区域规划的要求等。国家自创区承担着深化落实创新驱动发展战略，打造区域经济社会发展动力源和增长极的重要使命，加强与国家制定的区域发展战略之间的相互协同、互促并进，形成国家战略合力，进而推动区域实现更好发展。

五是片区协同发展是国家自创区提高综合实力的重点之一。国家自创区大多是依托高新技术产业开发区建设发展起来的，目前批准建设的19个国家自创区中，从发展的整体性、协同性来看，一种是一区多园，如北京中关村国家自创区，包括海淀园、朝阳园、亦庄园、通州园等多个园区，其他许多自创区即使是依托一个高新区，也常常包含多个子园区。另一种是多区协同，如苏南国家自创区、长株潭国家自创区等，都是由多市多个高新区共同建设的国家自创区。对这些国家自创区而言，区域统筹发展、特色发展、协同发展、联动发展就成为重要的关注点和发展策略。

此外，从各国家自创区发展思路的比较中还应注意到几个突出的亮点，比如北京中关村国家自创区作为第一个获批成立的国家自创区，在发展思路中明确了要引领大众创业万众创新新潮流；深圳国家自创区在各自创区中首次提出要优化完善综合创新生态体系，从综合性、体系化出发，对创新生态的优化完善提出了相应任务和实施路径；杭州国家自创区在各自创区中首次提出了全面创新的理念，以科技创新为核心，同时推进机制创新、理念创新、模式创新和大众创业万众创新，从不同的层面推进改革创新，全面激发创新活力；武汉东湖国家自创区首次将绿色发展融合进自创区发展理念中，呼应武汉城市圈"两型"社会综合配套改革，以创新发展促进绿色发展，以绿色发展提升创新发展综合水平。

（三）比较分析主要结论

从发展思路的比较分析来看，各国家自创区均聚焦创新驱动战略的深入实施，落实创新发展与协调发展、绿色发展、开放发展、共享发展新理念，在技术创新、体制机制创新和创新型产业发展、创新型经济体系培育等方面先行先试、引领发展，在推动开放创新、优化创新生态等方面率先探索，努力强化国家自创区在区域经济社会发展和转型升级中的引领支撑和辐射带动作用。同时，从对各国家自创区发展思路的比较分析中可以得出以下结论。

1. 发挥优势条件，争取更好发展

各国家自创区在明确发展思路时，作为顶层设计和总体谋划的集中体现，普遍立足发展特色、发展基础，发挥在科教、人才、机制、开放等方面的优势条件，化基础优势、资源优势为创新优势，加快创新发展步伐。

2. 强化联动协同，深化融合发展

郑洛新国家自创区提出要开放创新与自主创新相结合，培育创新龙头企业、产业集群与引导大众创业万众创新相结合，引进高端科技人才与发挥河南人才人力资源优势相结合，加快发展战略性新兴产业与改造提升传统优势产业相结合；北京中关村国家自创区提出要促进创新链、产业链、服务链、资金链和园区链深度融合，打造中关村升级版；上海张江国家自创区提出要实现创新功能、产业功能和城区功能的融合发展，以及其他国家自创区提出要创新创业融合发展、产城融合发展等，融合发展已经成为国家自创区探索路径创新、模式创新的重要思路导向，也是高效配置创新资源、促进联动协同发展的重要选择。

3. 强化产业创新，增强核心实力

通过培育创新主体、强化自主创新等举措不断壮大高新技术企业和产业集群、培育创新型经济体系是国家自创区落实创新驱动发展战略的重要抓手和关键目标。

4. 优化创新生态，助力创新加速

营造优良的创新创业环境已经成为各国家自创区建设发展的关注点和施力点，通过不断完善政策环境、市场环境、金融环境、公共服务环境、创新文化氛围等，培育壮大富有活力的创新主体，充分释放全社会创新创业潜能和活力。

二　发展定位比较分析

（一）基本情况比较

明确发展定位才能明确发展方向，准确的发展定位才能引导准确地把握发展重点、找准发展路径。各国家自创区均提出了自己的发展定位，从对各定位的比较分析来看，主要包含两类，一类是对区域作用和努力方向的界定（见表3-2）；一类是对发展重点的具体表述（见表3-3）。

表3-2　国家自主创新示范区发展定位比较（一）

名称	先行引领区	试验示范区	聚集区	生态区	中心	增长极	重要引擎
北京中关村国家自主创新示范区	√	√			√		
武汉东湖国家自主创新示范区	√	√	√			√	
上海张江国家自主创新示范区	√	√	√				√
深圳国家自主创新示范区	√	√	√	√			
苏南国家自主创新示范区	√	√					
长株潭国家自主创新示范区	√	√				√	
天津国家自主创新示范区	√		√				
成都国家自主创新示范区	√	√	√			√	
西安国家自主创新示范区	√	√		√			
杭州国家自主创新示范区	√	√	√				
珠三角国家自主创新示范区	√	√		√	√		

名称	先行引领区	试验示范区	聚集区	生态区	中心	增长极	重要引擎
郑洛新国家自主创新示范区	√		√	√	√		
山东半岛国家自主创新示范区	√	√			√		
沈大国家自主创新示范区	√		√	√	√		
福厦泉国家自主创新示范区	√	√			√		
合芜蚌国家自主创新示范区	√	√		√	√		
重庆国家自主创新示范区					√		
宁波温州国家自主创新示范区	√	√					
兰州白银国家自主创新示范区	√	√	√				

(二) 主要特点

从表 3 - 2 比较分析情况来看，各国家自创区在谋划发展定位时，从明确自创区在区域发展中的主要功能作用的角度出发，提出了符合自身区域发展特色和发展导向的定位，并且在自创区的引领性、示范性、集聚性方面具有普遍共识。综合比较分析，在功能作用方面的定位主要表现出五个特征。

一是各自创区的发展定位既表现出高度的共性，又充分结合、凸显自身发展特点和导向。从表 3 - 2 中可以清晰看出，各国家自创区普遍把先行引领区、示范试验区和聚集区等作为明确发展定位的核心词。在表述中，出现频次最高的是先行引领区，其次是示范试验区。

二是先行引领作用是各自创区在明确发展定位时的首选和共识。国家在设立自主创新示范区时，将先行先试、率先探索推进自主创新作为自创区的目标导向，这也正是自创区建设发展的政策红利和最大机遇所在，因此，各国家自创区无一例外地把先行、引领、先导纳入对自身定位的描述中，努力通过率先探索、率先创新、率先突破，发挥创新引领的重要作用。

三是试验示范区的定位被大多数自创区采纳。这也充分体现国家自创区的功能导向要求，创新是驱动发展的第一动力，而自创区在提升自主创新能力和水平、发展壮大高新技术产业和加快转型升级步伐、推进高质量发展等方面都肩负着重要的示范、辐射、带动作用，尤其是国家自创区在创新发展上的示范探索，形成可复制可推广的经验，是提升创新动力活力和效率的重要举措。

四是聚集区作为自创区区域发展实力和竞争力提升的现实要求，也成为近半数国家自创区的定位选择。从各自创区的定位表述来看，主要集中在高新产业的集聚、创新资源的集聚、创新主体的集聚，通过集聚一方面发挥规模效应，形成产业、资源等方面的竞争优势、品牌优势；另一方面企业、人才等创新资源的集聚也是自创区实现先行引领发展的必要条件。

五是生态区的定位从"十二五"中后期到"十三五"期间逐渐被大多数国家自创区重视和选择。生态区的发展定位随着发展形势和发展阶段演进，日益受到重视并成为2015年以后批准成立的自创区的定位重点之一。值得关注的是，2014年获批成立的深圳国家自创区是第一个提出生态区定位的国家自创区，并明确了要建设人文、产业、环境协调融合的生态环境，这既体现其对新理念的深化落实，也是其在原有基础上创新发展从理念到路径的优化升级，通过以创新生态的不断优化，更好地促进资源的优化配置，各发展环节的融合对接，进而促进自创区在更高水平、更大范围、更高效率上的高质量发展。

表 3 – 3　国家自主创新示范区发展定位比较（二）

名称	产业	创新创业	改革	开放协同	科技金融	资源要素	科技成果转移转化	创新文化	转型升级
北京中关村国家自主创新示范区	√	√	√			√		√	
武汉东湖国家自主创新示范区	√		√	√					
上海张江国家自主创新示范区	√	√		√	√			√	
深圳国家自主创新示范区	√	√	√	√					
苏南国家自主创新示范区			√						
长株潭国家自主创新示范区			√	√					
天津国家自主创新示范区	√			√					√
成都国家自主创新示范区			√	√					
西安国家自主创新示范区		√		√					
杭州国家自主创新示范区	√	√	√						√
珠三角国家自主创新示范区		√		√					√
郑洛新国家自主创新示范区		√		√			√		
山东半岛国家自主创新示范区		√	√	√					√
沈大国家自主创新示范区	√	√		√					√
福厦泉国家自主创新示范区	√		√	√			√		√
合芜蚌国家自主创新示范区	√		√				√		
重庆国家自主创新示范区									
宁波温州国家自主创新示范区	√	√	√	√					
兰州白银国家自主创新示范区	√		√	√		√			

从表 3-3 对各国家自创区的发展定位的比较分析结果来看，各国家自创区定位的聚焦点主要集中在开放协同、改革、产业，以及创新创业方面，超过 1/3 的国家自创区也将转型升级作为发展定位的重点，科技金融、资源要素、科技成果转移转化和创新文化方面作为国家自创区创新发展的重要方向也被一些自创区列为发展定位的聚焦点。综合来看，通过对各国家自创区的定位方向比较可以发现以下五个突出特点。

一是开放协同创新成为各国家自创区在厘清发展定位时普遍关注的重点问题，选择此类定位的国家自创区数量最多。随着全球科技创新步伐、创新资源流动速度日益加快，扩大开放、深化协同，进而为创新引领提供更多更好的理念、人才、企业、平台等创新要素资源，已经成为大多数国家自创区加快发展的定位重点，也是新形势下提升创新实力和竞争力的战略选择。

二是围绕大众创业万众创新或体制机制改革创新谋划发展定位的自创区达到半数。无论是体制机制改革创新还是大众创业万众创新，都着重激发和拓展创新潜力和空间，通过在创新型企业、创新型人才、创新型环境等方面的大力培育和不断优化，进而保持创新发展的持续动力和活力。

三是围绕创新型产业发展而提出的定位被近半数自创区认可。新兴产业集聚区、产业发展先导区、产业创新引领区等围绕创新型产业发展而提出的定位也被近半数自创区认可，并围绕这一定位，提出培育发展创新型产业集群，加快高新技术产业化，推动创新型企业做大做强等。

四是越来越多的自创区围绕转型升级提出自身的定位目标。随着新一轮转型升级成为全球经济和产业发展的热点，近年来越来越多的国家自创区也围绕转型升级提出了自身的定位目标。创新作为推动转型升级的核心动力，对自创区而言，其更要率先探索发展升级、产业转型的新路径、新模式，以全面创新实现在转型升级中的引领、带动、支撑作用。

五是以北京中关村、上海张江国家自创区为代表，提出了在科技与金融、科技与文化融合发展方面的战略定位。这既是结合区域发展特色和优势条件做出的谋划，也是为了在先行先试和示范带动相关领域创新发展方面发挥重要作用，如上海张江国家自创区提出要充分发挥上海国际金融中心建设的条件与优势，探索科技与金融相结合的新模式、新路径。

（三）比较分析的主要结论

从发展定位的比较分析来看，各国家自创区普遍提出了高度凝练并且特色鲜明、重点突出的战略定位，并以此作为制定发展目标、明确发展重点、谋划发展路径的出发点和着眼点。各国家自创区的发展定位一方面表现出了明显的共性选择，另一方面也表现出了突出的区域特色，主要集中在三个导向。

1. 任务导向

国家自创区在创新驱动发展战略中担任排头兵、主力军和创新者等重要角色，在加快推动动力变革、质量变革、效益变革中承担着先行先试、引领示范、辐射带动等重要任务，而这也正决定了各国家自创区在谋划发展定位时，势必将先行、先导、示范、引领等作为定位的关键词和必然选择。

2. 问题导向

近年来我国持续下大力气提升自主创新能力和水平，创新实力和竞争力已经得到了明显提升，但是依然面临着诸多问题与挑战，尤其是创新产业数量偏少且水平不高，高端创新人才缺乏，创新体制机制不活不优等问题已经成为制约创新发展的突出瓶颈。国家自创区以引领创新发展为核心，发展定位聚焦在创新产业、创新机制、创新人才等核心要素和关键问题的率先探索和辐射带动上，力争在上述突出问题和瓶颈制约上率先突破。

3. 优势导向

各国家自创区在聚焦核心使命和突出问题上谋划发展定位的同时，也着眼于更好地发挥自身特色和优势条件，如深圳国家自创区提出要打造科技体制改革先行区的定位，就是要发挥深圳在改革开放中的先发优势；长株潭国家自创区提出要打造军民融合创新示范区，就是要充分发挥军用创新资源丰富、军工企业较多的优势；郑洛新国家自创区要打造技术转移集聚区，就是要充分发展郑洛新的区位和交通枢纽优势，以及国家技术转移郑州中心的政策优势。

三 发展目标比较分析

（一）基本情况比较

各国家自创区在实施方案、发展规划或规划纲要中均明确提出了自身的发展目标，从对各国家自创区发展目标的比较分析来看，具有以下较为突出的共性。一是各自创区基本上明确了自身的近期、中长期乃至远期发展目标，将其作为区域努力方向并围绕目标制定实施路径和工作重点。根据各国家自创区获批成立的时间不同，其规划期的设置也不同，但是基本上包含对 2020 年发展目标的描述，这也是出于保持自创区发展目标与"十三五"规划、决胜全面建成小康社会目标以及其他区域经济社会发展规划相互衔接的考虑。二是各国家自创区的发展目标既包含定量指标，也包含定性指标，既有对指标数值的明确，也有对状态或水平的描述，定量目标与定性目标相结合是各国家自创区制定发展目标的共同特征。三是各国家自创区的发展目标基本上包含总量的目标值以及创新产业发展目标、创新投入目标、创新人才等创新资源方面的目标。由于考虑目标的精确性和可比性，本研究对各国家自创区发展目标中的定量指标进行了收集汇总和比较分析，主要情况如表 3-4 所示。

表 3－4　国家自主创新示范区主要发展目标比较（2020 年）

名称	定量指标							
	总量方面	产业方面	企业方面	投入方面	人才团队方面	科技进步贡献率	专利情况
北京中关村国家自主创新示范区		现代服务业收入占总收入比重超过70%	2020年度新创办科技型企业超过3万家。有能够入选"世界500强""全球创新千强"等具有全球影响力的创新型企业	企业R&D经费支出占GDP比重达12%左右	各类创新创业服务机构数将达到1500家左右，从业人员中本科及以上学历人员占55%以上，其中留学归国人员和外籍从业人员占比超过3%		每万名企业从业人员发明专利授权量超过50件，累计自主导创制的国际标准数超过260项。每万名从业人员PCT专利申请量达到30件
武汉东湖国家自主创新示范区	实现企业总收入3万亿元						
上海张江国家自主创新示范区		战略性新兴产业年销售收入达2万亿元	企业的第二和第三产业销售总收入达到约6万亿元	企业R&D经费占销售收入比例为6%	千名从业人员中拥有硕士（含）以上学历人数150位		万名从业人员累计拥有有效发明专利300件，万人当年新增发明专利授权数50个，拥有国际有效专利数2000件

续表

名称	定量指标						
	总量方面	产业方面	企业方面	投入方面	人才团队方面	科技进步贡献率	专利情况
深圳国家自主创新示范区		高新技术产业产值达到 2.5 万亿元，战略性新兴产业增加值占全市生产总值比重达到 45%	国家级高新技术企业数量达到 1 万家	全社会研发投入占 GDP 比重达到 4.5%		70% 以上	每万人拥有发明专利 76 件以上
苏南国家自主创新示范区	人均地区生产总值达到 18 万元		高新技术企业超过 1 万家	全社会研发投入占地区生产总值的比重提高到 3%		超过 65%	
长株潭国家自主创新示范区	技工贸总收入"翻两番"，达到 2.6 万亿元	高新技术产业增加值占 GDP 比重达到 40%		全社会研发投入占 GDP 比重达到 4%			
天津国家自主创新示范区	实现总收入 6 万亿元		培育 10 家以上具有全球竞争力的创新型企业		打造 100 个众创空间，引进 10000 名创新型高层次人才，吸引 10 万人创业		发明专利年授权量达到 5000 件

续表

名称	定量指标						
	总量方面	产业方面	企业方面	投入方面	人才团队方面	科技进步贡献率	专利情况
成都国家自主创新示范区	实现总产值1万亿元		聚集科技企业1万家		聚集高层次创新创业人才1万人		发明专利授权量达到1.1万件，万人发明专利拥有量突破200件，配合和协助主管部门修订国际、国家（修）订行业标准1000项
西安国家自主创新示范区	实现全口径营业收入2.5万亿元	战略性新兴产业比重达到50%以上，形成2个具有全球影响力的产业集群	聚集世界500强企业200家。科技型企业数达到5万家，具有全球影响力的创新型企业超过100家	企业研发经费支出占比达到6%以上			
杭州国家自主创新示范区		以信息经济为主的高新技术产业产值突破1万亿元，高新技术产业占工业增加值的比重达到50%以上	高新技术企业达到5000家，培育科技型小微企业2万家以上	全社会R&D经费支出占GDP的比重达到3.5%以上。投入科技型中小企业的民间资本和风险资金超过2000亿元	引进2万名海外高层次人才来杭创新创业，支持高层次创新创业团队100个，全市人才总量达到250万人左右，服务大众创业的载体面积达到2800万平方米，集聚科技创业者和互联网创业者20万人以上	65%以上	每万人拥有有效发明专利33件以上

国家自主创新示范区建设比较与实证研究

名称	定量指标					科技进步贡献率	专利情况
	总量方面	产业方面	企业方面	投入方面	人才团队方面		
珠三角国家自主创新示范区		先进制造业增加值占规模以上工业增加值比重超过55%，现代服务业增加值占服务业增加值比重超过65%，高新技术产业占规模以上工业总产值比重超过50%，形成20～30个具有较强国际竞争力的创新型产业集群	高新技术企业数量超过1.4万家	全社会研发投入占GDP比重达到3%	每万从业人员研发人员超过150人。每年新登记注册市场主体数量达120万户，集聚技术人员超过600万，建成科技企业孵化器超过600家，众创空间超过260家，孵化场地面积达到2000万平方米，在孵企业数量超过4万家，基本建成国际一流的创新创业中心	超过60%	每万人拥有发明专利25件以上
郑洛新国家自主创新示范区		高新技术产业产值占规模以上工业总产值的比重达到65%以上，服务业产值占生产总值的比重达到50%以上		研发投入占生产总值的比重达到5%		达到65%	

名称	定量指标						专利情况
	总量方面	产业方面	企业方面	投入方面	人才团队方面	科技进步贡献率	
山东半岛国家自主创新示范区		高新技术产业工业总产值占工业总产值的比重达到75%左右，培育形成10个左右规模达到1000亿元的创新型产业集群	国家级专业化科技企业孵化器数量达到50家左右	研发经费支出占地区生产总值比重达到3%左右		65%左右	
沈大国家自主创新示范区		高端装备制造业销售收入占比重达到30%，服务业产值占地区生产总值比重达到55%以上		研发经费支出占地区生产总值比重达到3%			
福厦泉国家自主创新示范区（2025年）		高新技术产业增加值占地区生产总值的比重达到25%		全社会研究与试验发展经费投入占地区生产总值的比重达到3%以上		65%以上	每万人发明专利拥有量达到15件以上

国家自主创新示范区建设比较与实证研究

续表

名称	定量指标						
	总量方面	产业方面	企业方面	投入方面	人才团队方面	科技进步贡献率	专利情况
合芜蚌国家自主创新示范区		力争高新技术企业数量翻一番，高新技术产业增加值占规模以上工业的比重达到55%以上，战略性新兴产业增加值占地区生产总值的比重达到18%以上		研发经费占地区生产总值的比重达到3%以上	国家级创新平台超过120个，引进高层次科技人才团队300个		每万人有效发明专利拥有量达到15件
重庆国家自主创新示范区			科技型企业达到1200家，高新技术企业达到500家	研究与开发经费占生产总值比重达到4%			每万人有效发明专利拥有量达到15件
兰州白银国家自主创新示范区（2022年）	生产总值达到500亿元		高新技术企业达到600家			62%以上	每万人发明专利拥有量达到82件

需要说明的是，表 3-4 仅对各国家自创区发展目标中有具体量化数值的指标进行了汇总比较，指标数据来源为目前课题组收集到的各国家自创区公开发布的实施意见、发展规划或规划纲要等对相关内容的表述；其中，福厦泉国家自创区的发展目标中，只有对 2020 年福州、厦门、泉州 3 个高新区的目标指标的量化表述，未见对福厦泉国家自创区整体发展目标的表述，在 2025 年发展目标中有对福厦泉国家自创区总体目标值的表述，所以表中列出的指标值为 2025 年的目标值；兰白国家自创区的发展目标中列出的是 2022 年的指标数值，所以表中列出的指标值均为该自创区到 2022 年的目标。

（二）主要特点

从表 3-4 中对各国家自创区发展目标的比较来看，主要表现出五个特点。

1. 国家自创区普遍朝着"万亿级"目标发展

从表 3-4 中所列国家自创区总体发展目标的指标值来看，不少国家自创区都明确提出要打造万亿级发展区，例如天津、武汉东湖、长株潭、西安、成都等国家自创区都提出了总收入或总产值到 2020 年达到万亿级以上的发展目标。保持一定的发展体量是国家自创区提升综合实力和竞争力的必然要求，一方面体现着国家自创区的建设发展增速加快，另一方面也是国家自创区发挥引领、辐射、带动区域创新发展作用的必要条件。

2. 国家自创区在创新投入方面基本上提出了较高的目标值

大多数国家自创区提出到 2020 年研发经费占生产总值比重目标值集中在 3%~5%，此外，北京中关村国家自创区提出到 2020 年，企业 R&D 经费支出占 GDP 比重要达到 12%；上海张江国家自创区提出企业 R&D 经费占销售收入比例要达到 6%，西安国家自创区提出企业研发经费支出占比达到 6% 以上。综合来看，基本上各国家自创区提出的研发经费占生产总值比重目标都远高于全国平均水平。在国家统计局 2017 年 10 月公布的《2016 年全国科技经费投入统计公报》中，2016 年全国研究与试验发展（R&D）经费投入强度（与国内生产总值之比）为 2.11%，比上年提高 0.05 个百分点。应该说近年来我国研发经费投入强度一直都保持了稳步增长的态势，这既得益于我国经济社会发展的稳步上升，也得益于创新驱动发展战略日益受到重视和持续深入推进。与国际水平比较，经合组织 36 国的研发经费投入强度平均水平达到 2.4%，比我国高了约 0.3 个百分点；但是与欧盟 15 国的平均水平相比，欧盟 15 国的平均水平比我国低了 0.03 个百分点。从上述分析可以看出，我国研发经费投入强度与发达国家的差距正在逐步缩小，这也为我国努力提升自主创新能力和水平提供了有力支撑。具体到国家自创区来看，作为肩负引领创新发展使命的特殊区域，国家自创区的研发经费投入强度高于全国平均水平是自创区引领创新发展的必然要求，同时作为创新资源、创新活动的聚集区和密集区，这也是其现实选择。

3. 创新型、高成长型产业和企业快速发展壮大，高新化、集群化成为高新产业发展的重要目标和导向

从表 3 - 4 中可以看到，各国家自创区普遍对高新技术产业和高新技术企业的发展提出了明确的目标。从相关指标的选择来看，既包括结构性指标，也包括总量性指标。在高新技术产业发展的目标指标中，较多采纳了如高新技术产业产值占规模以上工业产值的比重等结构性指标，以便综合体现高新技术产业的规模增长和整个工业结构的优化升级。在高新技术企业发展的目标指标中，则较多采纳了高新技术企业数这一总量指标，并通过销售收入、创新竞争力等对企业的类型进行了界定，以便充分体现区域高新技术企业的发展特点和实际需求。

4. 积极汇聚创新人才是各国家自创区普遍专注的目标重点

从表 3 - 4 所展示的自创区人才引育、团队培养等人才相关指标目标的情况来看，首先是结构性指标和总量性指标并存，既有提出人才总体数量目标值的，也有提出人才所占比重目标值的；其次是人才指标普遍体现出强烈的开放视野，如北京中关村国家自创区、杭州国家自创区、珠三角国家自创区等均提出要引进一定数量的海外高层次人才或留学归国人才；再次是人才发展目标普遍与创新创业指标相通，如天津国家自创区、杭州国家自创区、合芜蚌国家自创区等在明确提出人才发展目标的同时，提出了众创空间、孵化器、创新平台等创新创业平台载体相关目标指标值。

5. 专利授权量和拥有量作为衡量创新能力的重要指标，成为国家自创区发展目标的重要构成

发明专利授权量和拥有量作为含金量高，体现着科技研发产出能力和市场化水平的重要指标，是衡量一个区域自主创新能力的主要表征，已经被纳入五年发展规划指标之中。

（三）比较分析主要结论

从发展目标的比较分析来看，虽然该部分比较分析只是汇总了部分国家自创区提出的目标指标，而且只对明确了具体数值的量化指标进行汇总、比较，但是依然可以从比较中发现几个值得关注的方面。

1. 国家自创区在创新驱动区域发展的能力与水平上都居于领先地位、引领地位

国家自创区在区域发展中的创新高地、创新标杆等功能作用在目标中充分体现，无论是从各国家自创区提出的生产总值目标、总收入目标，或是科技进步贡献率目标来看，国家自创区在创新驱动区域发展的能力与水平上都居于领先地位、引领地位。

2. 国家自创区普遍具有创新型产业密集、创新型企业密集、创新型人才密集的突出特征

这一点在结构性指标上体现的更为突出，如合芜蚌国家自创区、珠三角国家自创区、西安国家自创区、杭州国家自创区等的战略性新兴产业或高新技术产业占比目标值都达到 50% 以上，郑洛新国家自创区和山东半岛国家自创区提出高新技术产业产值占规模以上工业总产值的比重分别达到 65%、75% 以上。

3. 创新投入水平不断提高

从研发投入上看，到 2020 年，国家自创区的科技研发投入水平即将达到甚至超过先进国家水平，大多数国家自创区提出的相关目标值中，研发经费投入占生产总值的比重为 3% ~ 5%，接近甚至超过日本（3.49%）、韩国（4.23%）、以色列（4.25%）等创新型国家，创新投入水平的不断提高，为国家自创区率先探索创新引领之路提供了有力支撑。

4. 国家自创区在研发活动产出上还是处于国内领先水平，但与发达国家相比，仍具有一定的提升空间

从研发活动产出来看，各国家自创区提出的万人发明专利拥有量目标值存在一定差异，最高值与最低值之间存在较大差距。但是与全国平均水平和非国家自创区相比，国家自创区在研发活动产出上还是处于领先水平。同时也要看到，与发达国家相比，国家自创区在科研产出质量和市场应用水平上依然具有一定的提升空间。

5. 各国家自创区的发展目标中，开放协同创新也得到较大重视和体现

比如北京中关村国家自创区、天津国家自创区和西安国家自创区都提出了要培育具有全球影响力的创新型企业，引进海外高层次创新人才，北京中关村国家自创区和上海张江国家自创区还提出了国际专利方面的目标值。

6. 各国家自创区在发展目标中选取的指标各不相同

从各国家自创区发展目标的比较分析中也发现一个较为突出的问题，就是各国家自创区在发展目标中选取的指标各不相同，当然这不影响对相关领域发展目标的体现，但是不利于各国家自创区之间的横向比较，也不利于更加精准地掌握各国家自创区发展水平演进及其差异所在。

四 空间布局比较分析

(一) 基本情况比较

目前全国 19 个国家自创区中的大部分发布了建设发展规划或方案，在明确发展定位的基础上，提出相应的空间布局，明确不同区域的主要功能，进而为进一步细化发展重点和发展路径奠定基础。表 3 - 5 是对部分国家自创区提出的空间布局以及核心区的设置进行了汇总和比较。

表 3 - 5　部分国家自主创新示范区空间布局比较分析

名称	空间布局	核心区
北京中关村国家自主创新示范区	一区多园	海淀区和昌平区南部平原地区
上海张江国家自主创新示范区	一核三带多园点	张江核心园
深圳国家自主创新示范区	一区十园	以大沙河创新走廊连接的深圳湾、留仙洞、大学城等知识、技术、人才、资本密集的园区为基础，形成知识技术创新驱动核；以前海深港现代服务业示范区为基础，打造高端现代服务业创新驱动核
苏南国家自主创新示范区	南京、苏州、无锡、常州、昆山、江阴、武进、镇江 8 个国家级高新区和苏州工业园区	江宁高新园、苏州工业园区科教创新区、苏州科技城、无锡太湖国际科技园、宜兴环科园、常州科教城、昆山阳澄湖科技园、江阴滨江科城、镇江知识城
长株潭国家自主创新示范区	一区三谷多园	长沙·麓谷创新谷，株洲·中国动力谷，湘潭智造谷
天津国家自主创新示范区	一区二十一园	天津滨海高新区
西安国家自主创新示范区	两带两城五区八园	
杭州国家自主创新示范区	一区十片，多园多点	杭州国家级高新区

续表

名称	空间布局	核心区
珠三角国家自主创新示范区	以深圳、广州为龙头，珠三角其他 7 个地市为支撑的"1＋1＋7"珠三角国家自创区建设格局	深圳、广州
郑洛新国家自主创新示范区	三市三区多园	郑州国家高新区、洛阳国家高新区、新乡国家高新区
福厦泉国家自主创新示范区	一区三园	
合芜蚌国家自主创新示范区	三城三区多园	合肥国家高新区、芜湖国家高新区、蚌埠国家高新区
重庆国家自主创新示范区	一核心两拓展	照母山科技创新生态城

（二）主要特点

从表 3－5 对部分国家自创区空间布局的比较分析来看，主要表现为以下三个突出特征。

1. 国家自创区的多元化构成形态

从现有的 19 个国家自创区来看，构成形态包括高新技术产业开发区、科技园区、工业园区和城市、城市群等多种不同类型的区域，如北京中关村国家自创区主要依托中关村科技园区建立，苏南国家自创区包括南京、苏州、无锡、常州、昆山、江阴、武进、镇江 8 个高新区和苏州工业园区，深圳国家自创区依托深圳市建立，苏南国家自创区和山东半岛国家自创区依托多个高新技术产业开发区设立，但是其辐射范围已经涉及各相关市形成的城市群。总体来看，国家自创区主要还是依托高新技术产业开发区来设立并建设发展的。

2. 国家自创区的多园多片多点联动发展格局

无论是依托一个高新区设立的国家自创区，还是依托多个高新区或多市设立的国家自创区，均面临着多园、多片、多点联动发展、协同发展、共进发展的现实问题挑战，如北京中关村国家自创区提出要形成一区多园的发展格局，郑洛新国家自创区提出要形成郑洛新三市、郑洛新三个国家高新区以及多个园区的联动发展格局。

3. 国家自创区的层次递进空间格局

从表 3－5 中可以看出，大多国家自创区确定了核心区，作为引领带动整个自创区全域创新发展的主要核心，如深圳国家自创区立足发展目标和功能定位，明确了将知识技术创新驱动核和高端现代服务业创新驱动核作为引领带动功能发展的核心。同时，各国家自创区也普遍采用了圈层辐射与核心带动相互协同的层次递进发展格局，以点、线带面，推动实现全域创新、全局发展，充分发挥自创区内部不同功能分区的辐射带动、联动发展作用，进而放大、强化自创区对更大区域范围的辐射带动作用。

（三）比较分析主要结论

从空间布局的比较分析来看，国家自创区由于地理分布、产业分布、功能定位等多种因素影响，普遍存在多园多区联动发展的现象，这样也使得在区域之间互促共进、形成自创区创新引领发展的合力，成为一个重要特征和突出问题。综合来看，各国家自创区空间布局体现出以下几个思路导向。

1. 统筹布局是各国家自创区谋划发展和布局时的考虑重点

大多数自创区根据总体的空间、功能和产业定位，结合不同构成板块的发展基础，统筹确定各组成板块的主要功能、发展定位、主导产业，进而推动园区布局优化、发展一体化。

2. 特色发展是各国家自创区优化空间布局的有效举措

在明确各园区的产业布局、功能布局时，充分考虑其现有资源禀赋和发展基础，通过规划布局特色产业、优势集群，突出不同板块的发展特色和优势条件，以特色发展推动布局最优、效率最优。

3. 错位竞争是国家自创区空间布局的重要策略

自创区各园区通过错位发展，实现产业发展差异化，避免同质竞争、恶性竞争，同时有利于推动资源利用最优化和整体功能最大化。

4. 联动融合是国家自创区空间布局的核心导向

例如长株潭国家自创区提出了要坚持"资源共享、事业共创、利益共赢"，杭州国家自创区提出"一区多园，整合协同；主体引领，全域布局；功能组团，联动发展"，鼓励和促进各分园科技资源开放共享、创新要素合理流动、产业发展优势互补，进而合作共赢发展。

五 主导产业比较分析

(一) 基本情况比较

各国家自创区在提出发展规划或实施方案时，均把产业发展目标、发展导向等作为重点内容，通过明确主导产业及发展目标、发展路径等，为国家自创区产业创新发展、增强综合实力明确了方向和重点。表 3-6 是对部分国家自创区主导产业的比较分析，需要说明的是，表 3-6 所示主要是对现有资料中相关自创区已经明确提出的主导产业，或是产业发展重点进行汇总。

表 3-6 国家自主创新示范区主导产业比较分析

名称	主导产业或产业发展重点
北京中关村国家自主创新示范区	前沿信息、生物健康、智能制造和新材料、生态环境和新能源、现代交通、新型服务业六大新兴产业创新集群
武汉东湖国家自主创新示范区	优先发展光电子信息产业，加快发展生物、节能环保和高端装备制造等三大战略性新兴产业
上海张江国家自主创新示范区	重点发展新一代信息技术、高端装备制造、生物医药、节能环保、新材料等五大主导产业
深圳国家自主创新示范区	打造国家战略性新兴产业基地，加快发展生物、互联网、新能源、新材料、文化创意和新一代信息技术产业，积极培育节能环保、海洋经济、航空航天等产业。建设全球电子信息产业基地，着力打造通信、集成电路、新型平板显示、计算机、半导体照明、软件等六大产业链

名称	主导产业或产业发展重点
苏南国家自主创新示范区	着力培育知识产权密集型产业，加快培育战略性新兴产业，加快发展先进制造业，积极推进科技服务业发展
长株潭国家自主创新示范区	高端装备、新一代信息技术、新材料、生物产业、文化创意
天津国家自主创新示范区	打造高端装备制造、新能源与新能源汽车、新一代信息技术、生物医药等四大先进制造业产业集群
成都国家自主创新示范区	巩固提升电子信息、装备制造等领域的优势地位，加快落实五大高端成长型产业、五大新兴先导性服务业产业规划，将高端装备、生物、金融业等培育成千亿元产业集群
西安国家自主创新示范区	优先打造具有全球重要影响力的半导体全产业链，做大做强下一代汽车、能源装备和创新型服务业三大特色产业，培育发展生命健康、网络空间安全和机器人三大新兴产业竞争优势，构筑"优势突出、特色明显、布局高端"的现代产业体系
杭州国家自主创新示范区	打造网络基础产业、物联网产业集群，建设"智慧 e 谷"
珠三角国家自主创新示范区	以先进制造业、现代服务业和战略性新兴产业为支撑的产业新体系
郑洛新国家自主创新示范区	引领提升优势产业，培育壮大战略性新兴产业，支撑发展特色产业。打造装备制造、新能源和新能源汽车、生物医药、现代物流创新中心和产业基地
山东半岛国家自主创新示范区	重点培育具有规模优势和发展潜力的海洋工程装备、海洋生物基材料、海洋生物医药、绿色海洋化工、海洋信息服务等产业
沈大国家自主创新示范区	集中力量抓好高档数控机床、船舶和海洋工程装备、航空装备、能源装备等体现辽宁优势、引领未来发展的先进装备制造业
合芜蚌国家自主创新示范区	重点推进新型显示、集成电路、智能语音、新能源汽车、硅基新材料、机器人、现代农机、生物医药和高端医疗器械、创意文化、通用航空等产业基地创新能力建设，超前布局量子信息、未来网、人工智能、精准医疗等潜力产业集群
重庆国家自主创新示范区	石墨烯新材料、电子信息、生物医药、高端装备、高技术服务、现代商贸物流等新兴产业集群
兰州白银国家自主创新示范区	石油化工千亿级产业链和生物医药、航空航天等百亿级产业链

（二）主要特点

从表 3 – 6 所示的国家自创区主导产业比较分析来看，主要表现为四个特征。

一是国家自创区的主导产业中新兴产业占据绝对多数。表 3 – 6 所示的各国家自创区主导产业或产业发展重点基本为节能环保、新一代信息技术、生物医药、高端装备制造、新能源、新材料和新能源汽车这七个战略性新兴产业，尤其是其中的新一代信息技术、高端装备制造、新能源、新材料这四个新兴产业出现频率最高，几乎在每个国家自创区列出的主导产业或产业发展重点中都可以找到。

二是各国家自创区的主导产业表现出两个趋势。一个趋势是现代服务业日益受到重视，如北京中关村国家自创区、深圳国家自创区、长株潭国家自创区等均提出要加快发展新型服务业；另一个趋势是第二、第三产业融合发展日益受到重视，如西安国家自创区提出要做大做强创新型服务业，郑洛新国家自创区提出要打造现代物流创新中心和产业基地，进而构筑更具创新实力和竞争力的现代产业体系。

三是交通物流、文化创意等支撑性、带动性强的服务业被纳入更多自创区的产业导向。例如北京中关村国家自创区、郑洛新国家自创区、重庆国家自创区等均把交通物流业作为产业发展重点，深圳国家自创区、长株潭国家自创区等均把文化创意产业作为产业发展重点，这一方面说明这些自创区在相关产业发展方面所具有的特色和优势，另一方面也说明这些产业所具有的高成长性和带动性。

四是基于多个高新区或由城市群建设发展的国家自创区，普遍针对整个区域提出一个产业发展的总体思路，然后对每一个片区明确其区域主导产业或产业发展重点。例如苏南国家自创区针对总体产业发展提出着力培育知识产权密集型产业，加快培育战略性新兴产业，加快发展先进制造业，积极推进科技服务业发展，然后分别明确南京、苏州、无锡、常州、昆山、江阴、武进、镇江 8 个国家级高新区和苏州工业园区各自的产业发展重点，形成统筹发展、层次分明、各有特色的产业发展格局。

（三）比较分析主要结论

从主导产业的比较分析来看，各国家自创区在选择主导产业或是产业发展重点时，表现出了高度相似性，即基本集中在节能环保、新一代信息技术、生物医药、高端装备制造、新能源、新材料和新能源汽车这七个战略性新兴产业。综合来看，主要得出以下两个结论。

一是国家自创区主导产业的选择主要基于产业的成长空间、发展潜力、科技竞争力和产业带动力等几个方面。比如大多数国家自创区选择了高端装备制造、新一代信息技术、新能源、新材料这四个新兴产业作为自己的主导产业，而这几个产业正是现阶段产业转型升级乃至经济转型升级的重要导向和根本需求，如高端装备制造业需要在传统装备制造业的发展基础上，融合最新创新成果，开发新技术、新设备、新工艺、新产品，实现装备制造业的高端化、高新化升级发展；如新一代信息技术不仅在行业领域内快速发展、快速升级，进而形成诸多高成长性细分行业、细分市场，而且已经成为支撑、带动其他产业转型升级的重要产业。

二是国家自创区主导产业的选择大多兼顾了第二产业与第三产业的协调互促发展。高成长性制造业、高成长性服务业成为各国家自创区产业发展的重点，如交通物流业因其所具有的对其他产业发展的重要支撑作用，往往成为国家自创区培育发展的产业重点。

第四章
国家自主创新示范区创新资源的比较分析

创新资源的比较分析是把握各国家自创区发展基础、发展特色、发展趋势的重要内容。通常，基础创新资源主要包括产业发展现状、科技资源和科技人才储备等创新要素。本章主要从产业要素、基础成果、人才引育和科技金融等几个方面，在对北京中关村、武汉东湖、苏南、郑洛新等多个国家自创区进行比较分析的基础上，力图对国家自创区创新资源的基础情况进行梳理和把握，并通过比较研究分析国家自创区在创新资源方面的特点、优势、弱项以及未来发展的方向。

一　产业要素比较分析

（一）北京中关村国家自创区产业要素状况

北京中关村国家自主创新示范区聚集了以联想、百度为代表的高新技术企业近2万家，形成了下一代互联网、移动互联网和新一代移动通信、卫星应用、生物和健康、节能环保以及轨道交通等六大优势产业集群以及以集成电路、新材料、高端装备与通用航空、新能源和新能源汽车等四大潜力产业集群为代表的高新技术产业集群和高端发展的现代服务业。2017

年，在北京中关村国家自创区十大行业中，主要由科技推广和应用服务业、软件和信息技术服务业、商务服务业、专业技术服务业、研究和试验发展、互联网和相关服务、电信广播电视和卫星传输服务业等高新技术行业构成，其中，科技推广和应用服务业的企业数最多，达到了6500家，总收入超过了1600亿元；软件和信息技术服务业企业数排第二位，接近5000家，从业人数最多，接近60万人，同时也带来了十大行业中最多的收入，达到5628亿元。

（二）武汉东湖国家自创区产业要素状况

武汉东湖国家自主创新示范区坚持产业特色化和高端化发展，形成了以光电子信息为主导的高新技术产业集群。近年来国家自创区光电子信息产业取得跨越式发展，已建成中国最大的光纤光缆制造基地、中国光通信领域重要的科研开发基地。目前，光纤光缆的生产规模居全球第二位，国内市场占有率为50%，国际市场占有率为12%；光电器件国内市场占有率为60%，国际市场占有率为6%。生物产业加速发展，软件及服务外包、工程设计、地球空间信息及应用服务等现代服务业异军突起。

（三）苏南国家自创区产业要素状况

苏南国家自主创新示范区创新型企业集群不断壮大，拥有超过5万家科技型企业，高新技术企业近6000家，规模以上工业企业建有研发机构达1万家，企业研发机构建有率超过85%。依托资源集聚和核心技术突破，苏南国家自创区培育发展了新一代电子信息及软件、新能源、新材料、节能环保、生物医药、物联网等一批战略性新兴产业，形成一批重要技术标准和自主品牌。常州天合光能有限公司成为全国创新能力最强的光伏行业领军企业，沙钢集团成为我国进入世界500强最大的科技型民营钢铁企业。通过积极探索以自主创新引领战略性新兴产业发展的新模式，南京高新区的软件产业、苏州工业园区的纳米技术产业、无锡高新区的传感网产业、常州高新区的太阳能光伏产业等已形成先发优势，产业创新链日益完善，成为转变发展方式与调整经济结构的重要引擎。通过超前部署碳纤维、石墨烯、未来网络、智能电网、北斗应用、机器人等前瞻性新兴产业，部分应用领域达到世界领先水平。

（四）长株潭国家自创区产业要素状况

长沙、株洲、湘潭高新区历经多年发展，高新技术产业发展迅速，科技创新能力显著增强。近年来，长株潭国家自创区高新技术产业增加值年均增长36%以上，带动全省年均增速达到33.6%，位居全国第一，成为引领中西部发展的重要高新技术产业基地。高端装备制造产业具备全球竞争力，长沙高新区是全球重要的工程机械制造基地，株洲高新区是全国最大的电力机车研发生产基地，湘潭高新区是我国重要的能源装备产业基地。长株潭国家自创区文化创意产业领跑全国，建成全国首批国家文化和科技融合示范基地。新材料产业特色突出，形成了先进电池材料、高性能结构材料、先进复合材料等产业集群。新一代信息技术产业发展迅猛，以手机游戏、移动电商、移动阅读为主导的移动互联网产业异军突起。生物健康产业后来居上，以生物制药、现代中药及数字化医院等为代表的生物健康产业呈高速增长态势。国际标准制定具有世界话语权，起重机国际标准化技术委员会（ISO/TC96）和烟花国际标准化技术委员会（ISO/TC264）秘书处相继落户长沙。

（五）天津国家自创区产业要素状况

天津国家自主创新示范区依托天津工业基础雄厚、产业门类齐全的优势，在高端装备制造、新一代信息技术、新能源与新能源汽车、生物医药等领域打造了一批创新型产业集群，构建了航空航天、高端计算机、新能源汽车等一批特色产业链。现代服务业快速发展，文化创意、科技服务、节能环保等高端服务业格局初步形成。天津国家自创区还在若干细分领域、在全国乃至全球具备竞争力，如在高端计算机领域，拥有国产高性能计算机90%以上的份额；在装备制造领域，高端印刷包装设备产业的印后设备产销量位居亚洲第一、全球第二。天津国家自创区通过坚持产业高新发展和特色集聚，成为全国创新型产业集群重要高地。

（六）成都国家自创区产业要素状况

成都国家自创区始终秉承"发展高科技、实现产业化"的宗旨，充分发挥科教资源优势，大力发展高新技术产业，带动经济社会快速发展。在高新产业发展方面，成都国家自创区重点发展新一代信息技术、生物、高端装备制造、节能环保、生产性服务业五大主导产业，并着力在下一代信息网络、电子核心基础、高端软件和新兴信息服务、生物医药、生物医学工程、航空装备、先进环保和金融、商务服务"7＋2"产业领域实现突破，初步构建起了以先进制造业和现代服务业为主的现代产业体系。成都国家自创区高新技术产业实力雄厚，拥有560家高新技术企业，占四川省的1/4，已经成为我国重要的高新技术产业发展基地。

（七）郑洛新国家自创区产业要素状况

2017年，郑洛新三市新培育创新龙头企业34家，总数达到50家，占全省的50%；郑洛新三市高新技术企业、科技型中小企业数量达到1280家、5346家，分别占全省的56%、50%。

郑洛新国家自创区中的郑州高新区，拥有各类企业13000余家，在全国147个国家级高新区中最新综合排名第十二，科技创新能力排在第七名，可持续发展能力为第七名，孵化培育能力为第二名。高新技术产业蓬勃发展。2017年，全区科技型企业超过3000家，经认定高新技术企业为306家，营业收入超亿元企业为105家，10亿元企业为14家，超百亿元企业为1家。初步形成了物联网、智能电子电器、智能装备制造、电子商务、软件网络与数据信息服务、广告创意、北斗导航与遥感产业、科技服务业等八大电子信息主导产业集群。格力电器、华强电子、微软、腾讯、阿里巴巴等知名企业纷纷入驻，已集聚全省70%以上的骨干软件企业和85%以上的动漫企业、网络企业、电子商务企业。上市工作优势突出，目前已助推12家公司上市，占全省的1/10；已助推63家企业新三板挂牌，约占全省的1/3。郑洛新国家自创区新三板挂牌企业数在全国高新区中排名第四，仅次于中关村、上海张江和武汉东湖国家自创区。科技型中小企业发展势头迅猛，在最近科技部发布的全国高新区孵化培育能力评估中（连续三年销售收入超过1000万元且增速超过20%的企业数量排名），郑州高新区以88家排名第二，仅次于中关村。

按照科技部最近一次评价结果，郑洛新国家自创区中的洛阳高新区在全国115个国家级高新区和工业园区中综合排名第二十，较上次排名前进八个位次。依托洛阳的工业基础和科技资源，该高新区大力吸引国内外企业和科研院所进区投资、合作和创业。目前，洛轴、洛玻、七二五所、中机四院、十院、有色院等市内大型国企和科研院所都在高新区建立了产业化基地。结合洛阳的资源优势和产业特色，高新区确立了"2+2"特色产业发展格局，即重点发展机器人及智能装备制造产业、新材料产业，重点培育新能源及新能源汽车产业、生物医药产业。

郑洛新国家自创区中的新乡高新区主导产业特色鲜明，形成了生物新医药、节能环保家电、新能源汽车及汽车零部件和特色装备、食品饮料四大支柱产业，华兰生物、科隆电器、新能源汽车、天丰钢构、高远路业、娃哈哈饮品、中原软包装等一大批国内外知名企业在区内集聚，具有一定的产业发展实力和竞争力。

（八）结论及启示

通过上述对几个国家自创区的产业发展现状、企业发展情况以及主导产业、特色产业的对比分析，主要有以下几个发现。

一是就各典型国家自创区的产业要素比较来看，区域差异依然较为明显。从东部地区到中部地区、西部地区、东北地区，各国家自创区的产业要素呈现出明显的由东到西递减的现象，尤其是地处北京、天津、江苏、浙江、广东等东部发达省市的国家自创区，创新发展产业要素无论是数量上还是质量上都要明显优于地处西部地区和东北地区的国家自创区，且差距明显。比如从郑洛新国家自创区产业要素情况来看，郑洛新国家自创区与东部的国家自创区如北京中关村、苏南等相比，在产业要素领域相对来说较为薄弱。一般而言，创新要素是区域产业发展的基础动力，唯有不断创新，深入实施创新驱动战略，区域产业才能具有持久的竞争优势，实现长久的持续性增长；产业发展是区域创新的导向与目标，唯有依托产业，服务于产业发展，创新才能成为活水之源，具有永恒的生命力。因此，对郑洛新国家自创区等中西部地区的国家自创区而言，应进一步推动创新要素与产业要素的深度融合，为创新活动指明方向，为产业升级提供动力，推动自创区高质量发展。同时，值得关注的是，中部地区的国家自创区，如武汉东湖国家自创区、郑洛新国家自创区、合芜蚌国家自创区近年来得到快速发展，产业要素无论是数量还是质量都增长显著，且已经开始表现出后发赶超的态势。

二是高新技术产业已经成为各国家自创区产业发展和结构调整的重点。从前述分析可以看到，无论是北京中关村国家自创区，还是中部地区的武汉东湖国家自创区、郑洛新国家自创区、长株潭国家自创区，也包括西部地区的成都国家自创区，无一例外地都把高新技术产业、高成长性产业作为产业发展重点。这一方面与国家自创区基本是以国家高新技术产业开发区为基础而建立起来的直接相关，另一方面也是国家自创区作为深入推进创新驱动战略的主阵地的必然导向。高新技术产业因其高技术含量、高附加值、高市场竞争力等高成长性而成为产业结构调整和优化升级的重点导向，国家自创区因其创新引领性以及创新资源高度集聚、创新环境优越等特色优势成为高新技术产业发展的沃土。

三是国家自创区现代产业体系建设正在加快推进。从国家自创区产业要素比较分析来看，国家自主创新示范区正在加快形成以高新技术为主导，以传统优势产业和现代服务业为支撑，以特色产业集群为核心的现代产业体系。许多国家自创区充分发挥原有传统产业基础和市场基础优势，大力推动处于国内领先水平、具有较强综合竞争力的龙头企业和重点行业做优做强，国家自创区主导产业和支柱产业的市场占有率在全国也居于优势地位，行业龙头企业不断涌现，为国家自创区产业优化升级创造了良好的基础条件。

四是创新主体是影响产业发展水平的关键因素。以实证分析的重点案例——郑洛新国家自创区为例，其存在的一个突出问题就是所处的河南省创新资源较为匮乏，各类创新主体不足不强，导致郑洛新国家自创区基础创新成果相对不足。就河南省全省来看，创新型企业数量较少，研发能力相对较低。以高新技术企业为例，截至 2017 年底，全国共有高新技术企业 11 万余家，而河南省有 2270 家，且 80% 集中在郑洛新国家自创区中，总量超过全国的 2%，列全国第 16 位、中部六省第 4 位，河南高新技术企业总量尚不及广东 2017 年一年新增数的 1/4，不仅与先进省份差距很大，而且与湖北（5369 家）、安徽（4305 家）、湖南（3151 家）等中部省份也有较大差距。此外高新技术企业规模也较小，2017 年河南省营业收入10 亿元以上的高新技术企业 110 多家，其中百亿元以上仅有 4 家（宇通客车、中建七局、中信重工、中国水利水电十一局）。由此可见，以郑洛新国家自创区为代表的中西部国家自创区，应通过着力提升中小企业创新创业活力、提高大企业整合运用创新资源的能力、发展产业技术创新战略联盟等途径，进一步强化企业技术创新主体地位，进而激发国家自创区发展的活力和动能，提高创新成果产出的数量和质量。

五是国家自创区在产业融合发展、产城融合发展的实践探索上取得了明显成效。从产业融合来看，一方面国家自创区产业发展迅猛，工业增加值占其所在城市的比重不断提高，有效地改变了过去单一的产业结构，成为推动经济发展的重要组成部分；另一方面国家自创区已经从高度重视工业创新升级向第二、第三产业融合创新发展转变，大力发展高成长性现代服务业，积极推动先进制造业与现代服务业融合互促发展，已经成为国家自创区推进高质量发展的普遍关注重点。从产城融合来看，创新、绿色、可持续等发展理念有力推动了国家自创区朝着更高效率、更高效益、更可持续发展转型。同时，国家自创区在发展的同时也创造了突出的社会效益，每年区内可以创造许多就业岗位，大幅度拉动区内外就业，与此同时，国家自主创新示范区还为创业提供良好的环境和机遇，从多方面缓解了当前社会所面临的就业压力。

二 人才引育比较分析

（一）北京中关村国家自创区人才情况

北京中关村国家自创区拥有以北京大学、清华大学为代表的高等院校41所，以中国科学院、中国工程院所属院所为代表的国家（市）科研院所206家；拥有国家级重点实验室67个，国家工程研究中心27个，国家工程技术研究中心28个；大学科技园26家，留学人员创业园34家。中关村是中央人才工作协调小组首批授予的"海外高层次人才创新创业基地"，留学归国创业人才超过2万人，累计创办企业超过6000家，是国内留学归国人员创办企业数量最多的地区。目前，北京市共有中央"千人计划"人才770人，其中80%集中在中关村地区。"北京海外人才聚集工程"的368名人才，80%聚集在中关村地区。在具体政策措施方面，一是大力引进全球高层次人才。深入落实"千人计划"、"海聚工程"、"高聚工程"、中关村国际人才创新创业生态系统建设工程。依托中关村硅谷创新中心、中关村渥太华孵化器等平台引进海外人才。支持企业并购或与国际一流大学、科研机构、跨国公司合作设立海外研发机构、开放实验室、科技孵化器，吸引培养全球高端人才。利用大数据分析和投资人评价体系，发现引领未来创新方向的高层次人才，搭建顶尖人才及创新团队研发项目合作平台。二是推动国际人才港建设，打造国际化高端人才创新创业聚集区。支持高校院所、领军企业或中介服务组织等共建一批国际化人才创新创业基地。开展外籍高层次人才取得永久居留资格程序便利化试点，探索技术移民、华裔卡试点。建立市场化外籍人才评价标准体系。逐步放开外籍人才创业就业限制，完善外籍人才短期工作及实习签证制度。支持高校院所聘用港澳台地区及外籍高级专业技术人才。

（二）武汉东湖国家自创区人才情况

武汉东湖国家自主创新示范区集聚了丰富的科教与人才资源，区内有42所高校、30多家国家重点科研机构、400多家企业研发机构；拥有大量高端人才和科技人员，包括60位两院院士、2万名科技活动人员、20多万名专业技术人员和80多万名在校大学生。同时，武汉东湖国家自创区还大力培育壮大创新型人才队伍，一是吸引海外高层次人才。依托"千人计划""长江学者奖励计划""百人计划""国家杰出青年科学基金""赤子计划""中国留学人员回国创业启动支持计划"等人才计划，加快建设海外高层次人才创业基地，重点引进一批海外高层次人才和创新创业团队。二是加大人才培养力度。加快复合型人才培养，推动技术型创业者向现代企业家转变，打造一支高素质的创新型企业家队伍；大力促进职业教育和高新技术产业发展的结合，培养更多满足社会需要的技能型人才和产业技术工人；依托大型骨干企业、重点职业院校和培训机构，建设一批职业教育实训基地。三是完善人才激励与服务机制。完善人才激励政策措施；加强人力资源市场建设，优化人才资源配置；建立高端创新人才认定体系，完善高端人才的居住、教育、医疗等配套服务。

（三）深圳国家自创区人才情况

深圳国家自主创新示范区通过突出企业创新主体地位，充分发挥企业在技术创新决策、研发投入、科研组织和成果转化中的重要作用，在全国率先建立"以市场为导向、企业为主体，官产学研资介紧密结合"的区域创新体系，推动形成了3万多家创新企业，培育出华为、中兴、腾讯等一批国内外著名的高科技领头企业。目前，深圳自主创新呈现出"6个90%"的特征：90%的创新型企业为本土企业、90%的研发人员在企业、90%的研发投入源自企业、90%的专利产生于企业、90%的研发机构建在企业、90%以上的重大科技项目由龙头企业承担。在人才引育方面，一是优化创新型人才发展环境。构建层次分明、覆盖广泛的人才政策法规体系。努力营造崇尚竞争、鼓励创业、宽容失败、追求卓越的创新文化，形成尊重劳动、尊重知识、尊重人才、尊重创造的人文环境。二是引进和培养高端创新人才。实施高层次人才引进政策。推进客座专家"智库计划"，与国内外著名高等学校、高水平科研机构建立战略性人才交流合作关系。探索建立博士后工作多元投入机制，拓展博士后工作空间，加强国际交流，吸引境外博士来深圳从事博士后研究工作。三是完善创新人才载体支撑体系。加强人才载体支撑体系建设，支持现有人才载体做大做强，培育发展一批新型人才载体。加大高层次人才创新创业基地建设力度。支持在深圳高等学校创建优势学科、专业和优秀国际化科研教学团队。鼓励境外知名高等学校、科研机构来深圳办学，设立研究机构和产学研基地。探索建设大学校区、科技园区、居民社区融合的国际知识创新村。构建研究型人才载体，为各类尖端项目的深化研究提供服务平台。

（四）苏南国家自创区人才情况

苏南地区目前拥有高等院校107所、科研机构330多家、国家级大学科技园12个、国家重点实验室和工程技术中心55个、国家"2011协同创新中心"5个，科技人员总数达到810万人，在校大学生超过130万人。近些年苏南共引进高层次人才6万多名、创新创业团队1500多个，国家"千人计划"人才累计达到442人，其中创业类189人，占全国27%以上。南京"321人才计划"、无锡"东方硅谷人才计划"、苏州"姑苏人才计划"等都是享誉海内外的引才品牌。同时，苏南国家自创区加快建设苏南人才管理改革试验区，坚持人才优先发展，在用好吸引培养人才上下更大功夫，进一步激发人才创新创业活力。一是打造具有国际影响力的人才交流平台，充分发挥国家、省、市等各种科技人才计划作用，办好"千人计划"太湖峰会、中国留学人员南京国际交流与合作大会、江苏科技创业大赛、苏州国际精英创业周、海外系列创业大赛、"江苏技能状元"大赛等具有国际影响力的人才交流活动，着力培养和引进一批高端型人才、领军型人才和高技能人才，大力引进急需紧缺型高层次外国专家，优化人才结构，吸引扶持一批有一定技术含量和发展前景的创业团队及项目落户发展，建设国际化人才高地。二是建立统一的海外高层次人才信息库，完善海外高层次人才联络制度，集聚拔尖领军人才和创新团队。开辟海外高层次留学人才回国工作绿色通道，加快实施海外高层次人才居住证制度，建立符合国际惯例的薪酬定价、信息交互、人才使用机制。支持中国苏州、无锡人力资源服务产业园和常州国家科技领军人才创新驱动中心等集聚区建设，努力把苏南地区打造成为最具影响力的高端人才聚集区和最富吸引力的人才创新创业首选区。

（五）长株潭国家自创区人才情况

长株潭国家自主创新示范区是我国科技创新资源的重要聚集区，区内人才智力资源富集，长株潭国家自创区在 2014 年获批建设时，就已经汇聚两院院士 54 名、国家"千人计划"专家 73 名，引进留学归国人员和海外专家 1000 多名。创新创业平台密集分布，拥有国防科技大学、中南大学等高等院校 69 所，省级及以上科研机构 1000 余家，国家级孵化器、加速器载体面积 300 多万平方米。长株潭国家自创区启动建设后，制定了一系列人才引育优惠政策，一是实施"长株潭高层次人才聚集工程"。以领军人才等高层次人才为重点，充分发挥企业主体作用，在重点产业领域引进和培养掌握核心技术、引领产业跨越发展的海内外高层次人才。引进、支持一批海内外创客来湘创新创业。二是积极引进海内外高层次人才和团队。依托千人计划、长江学者奖励计划、百人计划等国家和省内重大人才工程，立足海外高层次人才创新创业基地、留学生创业园等平台，加快引进掌握国际先进技术、具有巨大发展潜力的科技领军人才和团队。在高端装备、新材料、新一代信息技术、生物健康、节能环保等领域引进 10 个以上国际顶尖创新团队。三是大力培养省内领军人才。依托万人计划、创新人才推进计划、湖湘人才发展支持计划等国家和省内重大人才工程，立足创新人才培养示范基地、重大科研项目、国际科技合作项目及重点实验室、重点学科、工程（技术）中心等平台建设，培养一批创新能力突出、熟悉国际前沿动态的学科带头人、科技领军人才和团队，培养一批懂技术、善经营的现代企业家和跨界复合型人才。四是培育引进产业高技能人才。实施产业高技能人才振兴计划，依托大型骨干企业、职业院校和职业培训机构，培育引进具有创新意识的高技能人才。开展校企联合招生、联合培养试点，大力发展职业技能培训，拓展校企合作育人途径和方式。五是大力推进柔性引才用才。完善柔性引才用才机制，坚持不求所有、但求所用，打破国籍、地域等人才流动刚性制约，推动刚性引才和柔性引才并举，依托国际技术转移中心，发现、吸引海内外高层次人才来示范区开展协同创新、科技研发、项目合作。

（六）天津国家自创区人才情况

天津国家自创区在 2014 年启动建设时就已经建成国家级重点实验室、工程技术研究中心、企业技术中心等研发机构 134 家，引进跨国企业研发中心 108 家，集聚国家"千人计划"人才 113 人，国家杰出青年科学基金获得者 67 人，国家"973 计划"项目首席科学家达到 37 名。同时，天津国家自创区还启动了创新人才推进计划，实施百万技能人才培训计划，开展企业家系列培训，培育高水平科技人才。实施创业天津引领工程，举办创业大赛，打造"科技淘宝超市"，涌现出一批创新型孵化器。在具体政策措施方面，一是分类引进一批高端创新创业人才。结合人才强市战略，实施重大人才工程，依托重点学科、重点实验室和企业研发平台，引进一批科技领军人才。以未来科技城建设为重点，加快引进一批海外高层次人才及创新团队。建立访问学者制度，引进全球首席科学家等高层次科技创新人才。大力引进优秀创业人才，通过"津洽会"、创业大赛引才平台，引进一批大学生创业人才和创业团队。围绕重点产业领域人才需求，鼓励企业探索建立与国际接轨的专业人才聘用和激励机制，引进一批行业紧缺专业人才。二是创新人才培养模式。创新高校人才培养模式，建立研究生研究基地和大学生实训基地，开展校企人才联合培养试点，形成联合培养人才机制。开展高校院所教学方法改革试点，鼓励在津高校院所构建启发式、探究式、个性化发展的创新型人才培养模式。实施百万技能人才培训福利计划，完善高技能人才考核、职称评定制度，建设一支支撑产业发展的高技能人才队伍。注重发挥企业家队伍的创新带动作用，联合新型企业家俱乐部、企业家协会等，组织实施企业家摇篮计划，培育形成一支具有创新理念、国际视野和勇于实践的青年企业家队伍。三是改革人才服务管理机制。全面梳理整合各级各类人才政策，减少重复性项目，适度增加激励类、有力度的项目。建立满足海外高层次人才生活工作需要的居住证制度。建立起梯度分明的人才住房供应保障体系。结合区域差异化的人才发展需求，实行普惠性的引才政策，本科毕业来津创业即可办理落户手续。建立创新创业绿色通道和高水平创新型人才服务绿卡制度，制定"一本绿卡管引才"方案，建立"一点、一卡、一册、一中心"的人才服务体系，对引进高层次人才实行"一个点位登记全部信息、一张绿卡记载基本情况、一本手册载明服务流程、一个中心实现全程办理"，通过流程再造实现高层次人才落户高效服务。

（七）郑洛新国家自创区人才情况

郑洛新国家自创区创新引领型人才队伍逐步壮大，2017 年新培育中原学者9人，总数占全省的84.7%；新设立院士工作站22家，引进24位院士及科研人员180人；培育引进国家"千人计划""万人计划"专家24名；引进创新创业人才（团队）173个；新增科技孵化器、众创空间等省级以上创新创业孵化载体60家，郑洛新三市省级以上创新创业平台占全省的60%。

其中，郑州高新区创新资源密集，区内集聚了5个国家重点实验室、3个产业技术研究院、11个国家级工程中心、8个部属研究院、31个市级以上院士工作站和517家市级以上研发机构，以及解放军信息工程大学、郑州大学、河南工业大学、郑州轻工业学院等省内最知名的高校。全区各类科技人才5万余人，高级技术职称人员6500余人，其中，驻区院士12人，研发机构和科技人才密度居全省之首。洛阳高新区内共有省级以上孵化载体16家，其中国家级孵化器3家，省级孵化器5家，国家级众创空间1家，国家级专业化众创空间2家，省级众创空间5家，新型研发机构2家，初步形成了"苗圃—孵化器—加速器—园区"一体化全链条的创新服务体系。截至2017年底，全区共有科技型中小企业750家，高新技术企业111家，上市企业23家，市级以上研发机构303家，国家级研发中心9家，院士工作站6家，博士后工作站8家，万人发明专利拥有量93件。新乡高新区创新体系日益完善，目前拥有高新技术企业16家，博士后工作站4个，国家级企业技术中心2个，国家级实验监测中心1个，国家级高新技术产业化示范工程2个，国家级国际科技合作基地1个，国家创新型试点企业2个，省级工程（技术）研究中心和企业技术中心34个。

近年来，郑洛新国家自创区大力引育创新型人才和团队，制定了系列具体政策措施，促进各类人才向区内集聚。

一是在郑洛新国家自主创新示范区建设河南省人才管理改革试验区。制定了高层次人才认定办法和评价标准，省市统筹安排人才发展资金，出台更具吸引力的"高精尖缺"人才培养引进政策，引导各类高层次人才到示范区创新创业。对示范区内的高等学校、科研院所按程序逐步赋予高级职称评审权，在高等学校、科研院所、国有骨干企业、创新龙头企业等开展职称自主评价试点。

二是大力引进海内外高层次人才，对国家最高科学技术奖获得者、两院院士、"千人计划"专家、国家重大科技成果完成人等海内外高层次甚至顶级人才及其团队带技术、带成果、带项目来示范区创新创业和转化成果的，给予不低于 1000 万元的创业资金支持，对其核心成员给予不低于 200 万元的安家费，并连续 5 年按其所做的贡献给予重奖。对引进世界一流水平、支撑产业转型、具有重大经济效益和社会效益的创新创业团队，采用"一事一议"方式，可给予最高 1 亿元资助。支持示范区创建海外人才离岸创新创业基地，探索区内注册、海内外经营的离岸模式，搭建具有引才引智、创业孵化、专业服务保障等功能的国际化综合性创业平台，打造国际化人才集聚高地。建立高层次人才引进绿色通道，在岗位设置、人员流动等方面简化程序、特事特办、随报随批。省属科研院所、省级以上重点实验室和协同创新中心、河南省优势特色学科，采用协议工资制、年薪制、项目工资等方式使高层次科研人才、团队获得收入，不计入绩效工资总额基数。鼓励中原科创风险投资基金、"互联网＋"基金、中小企业发展基金等政府引导基金对示范区高层次人才创办、领办的企业给予重点支持。

三是制定示范区创新人才双向流动管理办法，打破户籍、地域、身份、人事关系等制约，实现各方面人才顺畅流动。允许和鼓励科技人员离岗创业，高等学校、科研院所和国有企事业单位的专业技术人员，经所在单位同意，可带着科研项目和成果领办、创办企业，创业孵化期 3 年，保留编制、人事关系，职级、档案工资正常晋升，最长 5 年内可回原单位，工龄连续计算，保留原聘专业技术职务。允许高等学校、科研院所科研人员，经所在单位同意，到企业兼职从事科技成果转化、技术攻关，并取得报酬。开展高等学校和科研院所设立特设岗位吸引企业人才兼职的试点工作，允许设立一定比例特设岗位，吸引有创新实践经验的企业家和企业科技人才兼职。

四是建立健全示范区人才发展投入保障机制，把人才发展支出作为财政支出的重点领域纳入预算，予以优先保障。改善高层次人才居住环境，支持示范区所在市统一建设人才周转公寓或购买商品房出租给高层次人才，政府主导建设的人才公寓，可根据情况设置土地供应前置条件；支持高等学校、科研院所利用自有存量国有建设用地建设高层次创新人才周转公寓和外国专家公寓，或给予引进人才一定的住房补贴或租房补贴。对由省政府或以省政府名义发给高层次人才的奖金，依法免纳个人所得税。对经认定的高层次人才和科技创业领军人才的创业团队核心成员，3年内由当地财政给予适当奖励。建立示范区人才综合服务平台，对国内外优秀人才在社会保障、户籍办理、子女入学、配偶随迁、签证居留、工商注册、创业扶持等方面，提供便利化、一站式服务。郑州、洛阳、新乡市可设立引才伯乐奖，参照当地招商引资奖励政策，奖励做出突出贡献的高层次引进人才。

（八）结论及启示

从对国家自创区人才基础的比较分析来看，目前各国家自创区普遍把培育壮大人才队伍作为发展重点，大力吸引并培养科教人才，不少国家自创区的科教资源相对丰富，聚集了包括国内知名高等院校、国家以及省市重点实验室、企业技术研究中心等重要资源和平台，拥有较强的科技创新实力，为高新技术产业发展提供了强大的智力支持，也为国家自主创新示范区加快推动创新发展提供了源源不断的人力资源。综合前述比较分析来看，主要有以下几个发现及启示。

一是各国家自创区都把创新人才的培育引进作为重中之重，纷纷从人才引进、培育、发展等人才成长的各环节出发，围绕创新链布局人才链，从激励机制、制度创新等人才生态优化的多举措着手，大力培养与引进科技领军人才、高技能人才、创业型企业家，壮大高端人才队伍，引进、培育人才和创新团队，积极吸引、汇聚、培育、壮大创新人才队伍。

二是国家自创区在人才基础方面的区域差异明显。从人才比较分析中发现了与产业要素、科研成果等创新资源同样突出的区域差异现象。这种区域差异体现在两个层面，一个层面是国家自创区的人才资源明显优于区外的人才资源，也就是说国家自创区已经普遍成为所在省区市的人才高地。另一个层面是各自创区之间存在明显的区域性差异，具体而言存在东部地区明显优于中部、西部和东北地区的现象。以实证分析重点案例——郑洛新国家自创区为例，就河南省及郑洛新国家自主创新示范区人才等创新要素情况来看，河南省的绝大部分高校、科研院所和高新技术企业集中在郑洛新三市，郑洛新国家自创区在河南省内属于创新资源丰富的区域；但是与全国其他自创区相比，不仅仅是郑洛新国家自创区，整个河南省长期以来就是创新人才的"洼地"，"一流大学"和"一流学科"建设滞后，高水平的科研院所、高等院校较少。2016 年全省每万人就业人员中 R&D人员数为 37 人，仅相当于全国平均水平的 49%。河南省高层次创新领军人才极其匮乏，截至 2017 年底，河南省拥有"两院院士"、国家"千人计划"人才、"万人计划"人才、国家杰出青年科学基金获得者、长江学者数量分别占全国总数的 1.68%、0.31%、1.16%、0.37% 和 0.22%。由此可见，以人才为标志的创新资源较为短缺，是制约郑洛新国家自创区发展的重要障碍。

三是国家自创区所在省区市的经济实力、教育资源、研发平台状况是影响国家自创区人才吸引力凝聚力的重要因素。从前述比较分析可以明显看出，经济发达、实力强的东部地区国家自创区，普遍具有较为雄厚的人才基础，比如北京中关村国家自创区、深圳国家自创区等高端人才、高水平研发团队数量要明显高于内陆省份的国家自创区；高等院校、科研院所集聚的国家自创区普遍具有一定的人才基础优势，比如武汉东湖国家自创区充分发挥武汉市乃至湖北省高等院校集聚的科教优势条件，大力培育人才资源。对于具有上述特点的国家自创区而言，如何充分发挥优势条件，创造人才红利，是强化人才基础的主要突破点和着力点。

四是在引进人才的同时如何进一步留住人才是当前国家自创区人才团队建设中面临的突出问题。随着近年来对人才建设的重视程度不断提高，许多地区都出台了大力度的人才引进优惠政策，引发了一波波抢人大战，但是如何在让引进的人才能够真正融入当地发展、充分发挥人才效用的同时，营造优良的人才政策环境，让人才能够留得住、发展好，实现人才的可持续发展成为不少地方面临的现实挑战。

五是发挥人才政策的引导作用，促进人才链、创新链和产业链的融合互促发展。创新的关键在于人才，要实现在创新中从跟跑到领跑的突破性转变，就必须培育壮大一批高层次创新引领型人才和团队，同时加快打造能够有力支撑高新技术产业发展和自主创新能力提升的高技能人才队伍，以高质量的人才链带动创新链的拓展提升，进而实现产业链的优化升级，产业链、创新链的优化升级也为人才发展提供了更大空间。因此在优化人才引育政策时，应聚焦发展需求，让人才建设与产业发展互为促进。

六是人才引育政策应立足区域特点和需求，避免盲目趋同和恶性竞争。例如通过对郑洛新国家自创区的实证分析来看，作为地处中西部地区、人才短板突出的国家自创区，其大力引进、培育高端创新创业人才和团队，是实现引领区域创新发展目标的必然选择和核心支撑，但是同时也要聚焦郑洛新产业结构调整和转型升级需求，强化人才支撑。郑洛新国家自创区在未来发展过程中，应加快全面推进实施"智汇郑州·1125聚才计划"等人才引进计划；认真落实全省、郑州市、洛阳市、新乡市引进培育创新创业领军人才的政策；支持高校、科研院所科技人员留职离岗创办科技型和创新型企业；鼓励高校面向社会需求，培养一批复合型、应用型高技能人才和紧缺急需专业人才；加快郑州航空港区、经开区、高新区等人才管理特区建设；完善科技人才激励机制，建立以业绩为导向的人才评价机制；建立多元化的分配激励机制。通过创新人才政策，集聚创新资源，强化人才对郑洛新国家自创区发展的支撑作用。

三　科技金融比较分析

本部分主要对各国家自创区推动科技金融融合发展的政策措施进行比较分析。

（一）北京中关村国家自创区科技金融政策

一是率先构建服务新经济的新金融生态体系。围绕以共享经济为代表的新经济发展需要，在金融领域推进技术创新、商业模式创新和科技金融创新，聚焦金融前沿科技应用，促进科技与金融紧密结合，率先构建并持续优化服务于新经济的新金融生态体系。吸引聚集一批专注于服务科技型中小微企业的天使投资、创投公司、银行、券商、保险、信托、担保、评级、会计师事务所、律师事务所等机构，充分发挥资源对接与政策服务功能，形成科技金融机构和中介服务组织集聚发展态势，满足企业多元化金融需求。

二是进一步完善中关村政策性金融服务支撑体系。围绕中关村国家自主创新示范区建设发展需求和战略性新兴产业融资规律，进一步建设并完善中关村政策性金融服务体系。加强政策性金融机构聚集，支持北京银监局、北京证监局、北京保监局在中关村设立分支机构，进一步完善人民银行中关村中心支行功能定位，开展差别化监管创新试点。探索设立服务中关村开发建设和创新创业的区域政策性银行、投资、担保、保险等金融机构，弥补商业性金融市场失灵。不断扩大中关村天使和创投引导基金规模，发挥财政资金引导和放大作用，围绕中关村前沿技术领域和战略性新兴产业发展进一步完善基金布局。争取在中关村开展天使投资和创业投资税收政策试点，完善企业所得税税收抵扣等政策，进一步优化天使和创投制度保障。

（二）武汉东湖国家自创区科技金融政策

一是完善多层次资本市场体系。支持中小型企业进行规范化的股份制改造，加大对符合条件的中小企业上市的支持力度。支持符合条件的中小企业在全国银行间债券市场发行短期融资券、资产支持证券、中小企业集合债券、中小企业集合票据等。发展融资担保、融资租赁、股权投资等金融服务。发挥武汉循环经济产业基金、东湖示范区自主创新基金等产业投资基金作用。推动武汉光谷联合产权交易所成为区域性的产权交易所，加强产权交易市场建设。

二是支持金融机构开展业务创新。鼓励商业银行、信托公司、证券公司等金融机构面向技术创新和高新技术企业提供个性化金融服务。建立促进科技金融可持续发展的体制机制和配套政策体系，研究完善相关财政税收政策，建立科技型中小企业贷款风险补偿机制，完善融资担保体系。探索创业投资机构和商业银行间的投贷联动机制。支持开展股权质押、知识产权质押等融资服务。支持面向科技型中小企业的小额贷款公司发展。鼓励开展信用保险、科技保险等服务创新。建立健全企业信用评价体系。

（三）深圳国家自创区科技金融政策

一是促进科技和金融结合。加快科技和金融结合试点建设，建立科技资源与金融资源有效对接机制，营造科技、金融、产业一体化的生态环境，构建覆盖科技创新全链条的金融支撑体系。完善区域联动的科技金融公共服务体系。创新财政科技投入方式，发挥财政资金杠杆和放大作用，撬动社会资本增加对科技创新的投入，创造良好的科技创新投融资环境。建立科技和金融结合的激励和评估机制，完善各项保障措施。

二是深化多层次资本市场建设。支持深交所继续做优做强主板市场，逐步发展壮大中小企业板块。优化基金发展环境，促进创业投资和股权投资基金的集聚。创新中小企业融资模式，推动形成包括银行贷款、企业上市、发行债券、信用担保和再担保、创业投资、股权基金、小额贷款公司等在内的中小企业融资服务体系。

三是促进前海建设开放创新的科技金融体制。发挥深圳作为跨境人民币业务试点地区的区位优势，促进香港人民币离岸市场的发展合作。鼓励符合 CEPA 关于"香港服务提供者"定义的金融机构在前海设立法人银行总部、分支机构。支持设立融资租赁公司、汽车金融公司、消费金融公司以及小额贷款公司等机构。促进以金融机构战略转型和深港金融深度合作为核心的银行领域创新合作。

四是完善创新金融服务体系。完善股权、产权、知识产权交易体系，大力培育上市资源，推动创新型企业上市融资。积极发展债券市场，推广集合型发债模式，支持创新型企业发行企业债券，扩大债券融资规模。完善自主创新担保和再担保体系。

（四）长株潭国家自创区科技金融政策

一是完善创业金融服务体系。积极吸引社会资本投资于创业企业。支持早期创业企业，提高创业企业融资效率。鼓励各类金融机构通过天使投资、创业投资、融资租赁、小额贷款、担保、科技保险、多层次资本市场等多种形式为创业企业提供金融服务。扩大省科技成果转化引导基金规模，支持引导地方政府、民间资本发起设立各类针对科技型企业的创业投资基金，通过湖南省科技成果转化引导基金对示范区科技成果转化贷款给予风险补偿。

二是强化天使投资服务。结合下一步税制改革，对包括天使投资在内的投向种子期、初创期等创新活动的投资，统筹研究支持政策，引导社会创业投资机构及投资人对长株潭创业企业进行投资。制定年度科技创业重点产业导向目录，发布创业企业融资需求信息，建立天使投资对接通道。鼓励天使投资人（机构）成立天使俱乐部、天使投资联盟等交流网络，开展天使投资人培训、天使投资案例研究、天使投资与创业者对接会等天使投资公共服务活动。

三是拓宽科技型企业融资渠道。推动互联网和科技金融产业融合，鼓励互联网金融企业开展业务创新，与金融机构、创业投资机构、产业投资基金深度合作，发起设立产业基金、并购基金、风险补偿基金等。积极推动园区企业开展融资租赁业务，鼓励企业通过"售后回租"、电子商务的委托租赁等融资租赁产品获得贷款，并给予风险补偿基金、贴息等支持。发挥股权质押融资机制作用，支持符合条件的创新创业企业发行公司债券或发行项目收益债，募集资金用于加大创新投入。

四是建立区域科技信用服务体系。引导建立科技企业信用评价标准，鼓励商业银行、担保机构、小额贷款机构积极参考科技企业信用评价报告，对符合条件的创业企业加大信贷支持力度。在政府采购、项目招标、财政资助等事项办理中，将科技企业信用评级纳入审核评价指标体系。加强企业投融资信息服务，广泛引进专业化水平高、公信力强的信用评级机构，整合科技资源、企业资源、中介资源和金融资源，加强企业信用信息共享，促进投融资双方信息互通，推进征信评级平台建设，以信用促融资、以融资促发展。

五是扩大高新技术企业科技保险试点。在长沙高新区科技保险试点基础上，在示范区开展试点工作。鼓励保险机构不断创新和丰富科技保险产品，探索创新科技型企业在申请信用贷款或轻资产抵押贷款时，开展贷款保证保险、专利质押贷款保险、信用保险保理业务、小额贷款保证类等创新科技保险业务。建立知识产权质押融资市场化风险补偿机制，简化知识产权质押融资流程。加快发展科技保险，推进专利保险试点。

（五）天津国家自创区科技金融政策

一是构建多元化、多层次资本市场。统筹发挥社会资本、政府引导基金、财政资金等多元资本的力量，完善天使投资、风险投资、股权投资等全链条科技金融服务。积极申报国家创业投资子基金，加快推动产业基金促进科技成果产业化。完善政府引导基金"母基金＋子基金"的管理运作机制，放大政府资金撬动社会资本的乘数效应。完善社会资本投融资服务激励政策。

二是集聚金融服务机构和服务平台。做强运营集聚载体，提升区域金融发展活力。支持小额贷款公司发展，支持商业银行在示范区建设面向科技型中小企业的科技支行。引进一批 P2P 等新型金融服务机构。大力发展融资租赁，设立中国金融租赁登记流转平台。承接首都电子银行、数据中心等后台服务机构。释放科技金融服务中心、中小企业股权融资服务平台、企业债权融资服务平台等存量平台的服务能量。

三是积极开展金融服务创新先行先试。大力发展股权质押融资，建立知识产权质押融资市场化风险补偿机制，简化知识产权质押融资流程。推动落实天津市科技型中小企业信用贷款风险补偿金试点工作。支持发展小额贷款保证保险等科技保险及再保险，推进专利保险试点。加快建设中小企业信用体系试验区。争取在国内率先建立推荐性金融服务外包行业标准体系。

（六）郑洛新国家自创区科技金融政策

一是授权郑州、洛阳、新乡在示范区依法依规审批设立创业投资基金、产业投资基金、天使投资基金和有限合伙制创业投资企业、合伙人投资企业，并依法履行监管职责。省市联动设立示范区科技成果转化引导基金，发起或参股设立创业种子投资子基金，以股权投资、公益参股等方式，支持种子期科技型小微企业；设立天使投资子基金和风险投资子基金，以适度让利的方式，支持初创期和成长期的科技型中小企业。对投资处于种子期、初创期科技型中小企业的天使投资基金、创业投资基金，按照规定享受创业投资企业所得税优惠政策。政府出资部分的基金增值收益可用于奖励基金管理机构和团队。大力引进和支持创投机构发展，对新注册的创投机构，按照其实际租用的办公场地，注册地政府给予 3 年内 60%

的房租补贴。在国家金融、外汇政策许可范围内，放宽对外资创业投资基金投资限制，鼓励中外合资创投机构发展。

二是支持示范区开展科技和金融结合试点工作，选择符合条件的银行业金融机构，争取开展科创企业投贷联动试点和设立科技证券机构，为科技型企业提供股权债权融资、上市培育、并购交易等一体化服务。鼓励银行业金融机构在示范区设立科技金融服务事业部和科技支行，在企业贷款准入标准、信贷审批审查、考核激励等方面创新制度和流程。河南省和郑州市、洛阳市、新乡市联动设立风险补偿基金，对开展"科技贷""科技保"业务的银行、担保机构、保险机构，给予一定比例的损失补偿。鼓励科技型企业发行资产证券化产品，成功实现融资的，给予企业实际融资额的1%、最高50万元的奖励。

三是支持科技型企业利用多层次资本市场进行融资，加大对拟上市或挂牌企业的储备、改制、辅导和培训支持力度。对总部和主营业务均在核心区的科技型企业在境内主板、中小板、创业板首发和借壳上市，以及在境外主板、创业板首发上市（上市融资2亿元以上）的，市、高新区财政可一次性补助1000万元。加快中原股权交易中心科技创新型企业板块运行，研究设立"新四板"基金，投资新兴产业企业。支持依法依规设立的技术产权交易场所规范运行，为示范区非上市科技型中小企业提供股权登记、托管、挂牌、转让、融资等服务。探索开展知识产权证券化业务。鼓励示范区设立科技中介服务机构，为符合条件的企业提供产权交易、知识产权登记评估质押等服务，对市场化运营的服务机构采取后补助的方式进行扶持。破除限制众创、众包、众扶、众筹发展的不合理政策和制度瓶颈，推动"四众"平台持续健康发展。

此外，河南省近年来先后出台了《关于创新机制全方位加大科技创新投入的若干意见》《河南省促进高新技术产业发展条例》《河南省关于开展中小企业知识产权质押融资工作的指导意见》《河南省高技术产业发展项目管理暂行办法》《河南省股权投资引导基金管理暂行办法》《河南省高新技术产业化专项资金管理办法》《河南省科技金融引导专项资金管理办法（试行）》《河南省科技金融"科技贷"业务实施方案》《河南省科技金融"科技保"业务实施方案》《关于推进金融资本与科技创新相结合的政策措施》《河南省科技金融深度融合专项行动计划》等促进科技金融发展的政策措施；分别设立了河南省高新技术产业化专项资金、河南省重大科技专项资金、河南省中小企业创新基金、河南省高技术产业化专项资金、河南省股权投资引导基金等一系列支持引导科技创新、创业的专项资金或基金，建立科技金融紧密结合机制；成立了一批由政府引导的创业投资公司，如河南华夏海纳创业投资发展有限公司、河南高科技创业投资股份有限公司、河南创业投资股份有限公司等，提高了河南省创业风险投资机构和创业风险投资资本总量。

（七）结论及启示

通过对比可知，国内自创区均将促进科技与金融融合发展作为发展的重要领域，结合各自实际出台了一系列政策。综合来看，主要表现出以下特点和趋势。

一是科技与金融融合发展已经成为各国家自创区深入推进改革创新的重要领域。金融创新是推动科技创新的重要动力和关键支撑，而科技创新由于兼具高风险高回报的特点，也成为推动金融创新发展的重要力量。优化金融生态，加快推动科技与金融深度融合，为创新提供有力的金融支撑，既是破解当前制约创新主体发展、创新要素流动的突出瓶颈的有效途径，也是优化创新生态的内在要求。

二是科技金融支持力度明显不足问题依然突出。尤其对中西部后发地区的国家自创区而言，研发投入水平低，科技金融发展滞后，资金瓶颈突出等依然是制约其发展的突出问题。以郑洛新国家自创区为例，一是科技型中小企业贷款难、成本高问题仍很普遍。当前，进入经济新常态，银行为了控制风险，贷款门槛较高、申请较难，科技型中小企业轻资产比重高，加上河南省风险补偿机制资金有限，贷款难问题一直没有得到很好地解决。二是投融资体系不健全，河南天使投资、风险投资等创投机构较少，难以为科技型企业提供覆盖种子期、初创期、成长期的全链条资金支持。

三是加快推动科技与金融深度融合，需要加快优化金融生态，积极推动科技金融深度融合，不断完善科技金融政策体系，激发金融资本、社会资本支持科技创新的内生动力；引导构建保障有力、风险可控的科技金融创新平台，加快科技成果转化应用和技术转移公共服务体系建设，加大对公益性科学研究、科技平台建设的投入。

四是加快建立多层次的融资市场，支持创新创业投资引导基金发展，培育壮大创业投资，提高科技企业直接融资比重；加快完善政府资金与社会资金、股权融资与债权融资、直接融资与间接融资有机结合的科技金融服务体系，全面优化金融生态，逐步形成以财政资金为引导，以银行信贷和创业投资等金融资本为支撑，以民间投资为补充的科技投融资体系，消除国家自创区建设发展中的资金瓶颈制约。

第五章

国家自主创新示范区创新机制的比较分析

区域创新机制包括区域创新环境、区域创新服务以及区域科技成果转移转化机制等，是区域创新的重要基础和保障要素。本章通过对国内典型自创区的区域创新机制进行分析和比较，梳理总结国家自创区构建区域创新机制的一般途径，为优化国家自创区区域创新机制、激发国家自创区创新动力活力提供借鉴。

一 创新发展环境机制比较分析

（一）北京中关村国家自创区创新发展环境机制

北京中关村提出弘扬中关村创新创业文化，营造良好的创新环境。一是传承和发扬中关村"鼓励创业、宽容失败"的文化。坚持"全球视野、开放融合、协同共享"的创新理念，营造"自由探索、尊重创造、追求卓越"的科研创新氛围，深入挖掘"勇于创新、不惧风险、敢为天下先"的中关村创业者精神，发挥"诚信、务实、高效"的作风，坚守"心怀强国、产业报国"的情怀。二是探索构建有利于创新创业文化发展的制度体系。鼓励开展各类创新创业活动，打造一批创业活动品牌，支持企业家、天使投资人、专家学者担任创业导师，支持各类创业服务机构举办多种类型的创业活动。大力宣传各类创业群体，以多种形式展示中关村创新企业、创新成果、创新品牌、创业故事。

（二）武汉东湖国家自创区创新发展环境机制

武汉东湖国家自创区以完善共建机制、推进政府职能转变、培育和弘扬创新文化、强化政策支撑等为抓手，营造有利于自主创新的开放、活跃、高效的发展环境，为自身发展提供体制动力。具体措施如下。

完善共建机制。一是强化部际协调小组职能。东湖新技术产业开发区建设国家自主创新示范区部际协调小组（简称部际协调小组），加强全面指导，研究推进体制机制和政策先行先试，协调促进东湖国家自主创新示范区建设和发展的重大事项。二是充分发挥湖北省、武汉市建设东湖国家自主创新示范区领导小组的作用。湖北省、武汉市建设东湖国家自主创新示范区领导小组统筹、规划武汉东湖国家自主创新示范区的发展建设，研究解决武汉东湖国家自主创新示范区发展的相关问题，协商国家有关部门落实各项专项改革工作，组织开展先行先试的体制机制创新试点，不断完善政策、法制环境。组织制订《武汉东湖新技术开发区条例》。三是密切部省合作。部际协调小组相关部门与湖北省要加强协作，密切配合，共同推进武汉东湖国家自主创新示范区建设。

加快建设服务型政府。一是深化行政审批制度改革。深入推进行政审批制度改革，进一步精简审批项目，优化审批流程，提高审批效率，着力营造低成本、高效率的投资环境。二是完善行政监督、考核机制。推进武汉东湖国家自主创新示范区管理机构的干部人事制度改革，完善绩效考核制度，建立健全以促进自主创新为导向的考核体系。建立科学的责任体系，推行行政问责制，切实做到有权必有责、用权受监督。三是大力推进电子政务建设。着力提高政务信息化水平，推进网上办事。全面推行政务公开，建立健全政府相关部门信息共享和工作联动机制。

强化政策支撑。建立有利于自主创新和科技成果转化的激励机制和政策体系，支持符合条件的国有及国有控股的院所转制企业、高新技术企业、武汉东湖国家自主创新示范区内的高校、科研院所以科技成果作价入股的企业，以及其他科技创新企业积极开展股权奖励、股权出售、股票期权和分红激励。

培育区域创新文化。培育光谷文化，塑造光谷企业家精神，营造"敢于冒险、勇于创新、宽容失败、追求卓越"的氛围。深化"光谷"品牌内涵，加强专业园区、产业集群和企业品牌建设，建立区域品牌架构；精心组织重大品牌策划活动，积极开展境内外宣传和推广，提高"光谷"品牌的知名度和影响力。

（三）深圳国家自创区创新发展环境机制

深圳国家自主创新示范区通过完善共建机制，加强法治政府建设，创新政府服务，强化政策支撑，弘扬创新文化，营造有利于创新发展的良好环境。具体措施如下。

加强组织保障。深圳建设国家自主创新示范区部际协调小组加强全面指导和协调，负责本规划纲要的指导实施，推进体制机制创新和政策先行先试，协调促进示范区建设和发展的重大事项，加强实施情况检查督促和经验总结。广东省、深圳市要统筹规划示范区的建设和发展，开展体制机制创新。

建设法治服务型政府。进一步深化行政审批制度改革，精简审批项目，再造审批流程，实行跨部门串并联组合审批，提高行政效率。加快政务公开和电子政务建设，提高政务信息化水平，推进网上办事，营造优质政务服务环境。强化社会创新服务，健全政府购买公共服务制度，推进社会公共服务内容多样化，实现公共资源均衡化发展和优化布局。提高城市管理服务水平，建立科学、严谨、精细、高效的城市管理模式。完善治安、交通、教育、医疗等配套环境，营造有利于创新创业的人居环境。

强化政策法规支撑。构建完善的政策法规体系，把示范区建设纳入法治化轨道。制定和完善相关创新政策法规，加强政策法规创新和集成使用，形成协同配套的创新政策法规，打造具有国际比较优势的创新政策法规体系。

大力弘扬创新文化。发扬敢闯敢试、勇于创新，追求成功、宽容失败，开放包容、崇尚竞争，富有激情、力戒浮躁的创新精神，尊重劳动、尊重知识、尊重人才、尊重创造，鼓励创新、宣传创新、推动创新，形成深圳更加浓郁的创新氛围和广为共识的创新文化。

（四）长株潭国家自创区创新发展环境机制

长株潭国家自主创新示范区通过建设服务型政府、深化行政审批制度改革、推动社会组织发展等措施，创建有利于自创区发展的创新环境。具体措施如下。一是加快政府职能转变。推动政府职能从研发管理向创新服务转变，从服务提供者向服务组织者转变，制定政府购买社会公共服务的指导意见和管理制度，做好政府购买公共服务的评估、监督和公示。二是深化行政审批制度改革。进一步理顺"三谷多园"及省级以上园区管理体制，加大简政放权力度，深入推进行政审批制度改革，精简审批项目，优化审批流程，实行跨部门串并联组合审批，提高审批效率，着力营造低成本、高效率的投资环境。三是推动社会组织发展。发挥社会力量，重点培育和发展经济类、服务类、公益慈善类、城乡社区类等社会组织。深化社会公共事务服务方式改革，探索建立企业、社会组织、公众和政府良性互动的公共管理机制，对劳动者创办社会组织符合条件的，给予相应创业扶持政策，促进社会组织发展壮大。

（五）天津国家自创区创新发展环境机制

天津国家自主创新示范区以优化政府公共服务为抓手，营造良好的创新发展环境。一是改进政府服务方式。以企业为主体、以市场为导向，发挥市场配置资源的决定性作用，借助行业协会、产业技术联盟、科技服务组织等产业促进组织，在技术研发、科技成果转化、市场开拓等方面营造良好的环境，引导企业自主创新，不断做大做强。借助部际协调小组平台，加强人才、规划、资金、政府采购等方面协调，完善行政监管制度和政府信息发布制度，推进政务公开，建立健全政府相关部门信息共享和工作联动机制。二是深化政府行政体制改革。深入实施行政体制改革，规范政府权力清单，整合行政审批职能，创新行政体制改革模式，加快推进"一颗公章管审批"。加强与自贸区的联动，共同探索负面清单、责任清单管理模式。研究并实施深化行政体制改革的创新性举措，加快简政放权步伐，充分释放改革红利。三是开展公共服务提供机制改革。逐步放开市场准入，创新社会公共服务提供机制，鼓励以委托、承包、采购等方式向市场和社会组织购买公共服务，提高公共资源配置效率，推动市场化、社会化组织机构发展壮大。强化公共服务标准制定，加强购买服务资金管理，建立严格评估监督机制，对购买服务项目进行动态调整，对承接主体实行优胜劣汰。

（六）郑洛新国家自创区创新发展环境机制

《中共河南省委河南省人民政府关于加快推进郑洛新国家自主创新示范区建设的若干意见》指出，以落实中关村先行先试政策和营造创新创业文化为重点，创建有利于郑洛新国家自创区发展的良好环境。一是全面落实国家向全国推广的中关村先行先试政策。适时研究制定郑洛新国家自主创新示范区促进条例，为示范区建设提供有力的法律保障。建立创新政策协调审查机制，组织开展创新政策清理，及时废止有违创新规律、阻碍新兴产业和新兴业态发展的政策条款，对新制定政策是否制约创新发展进行审查。按照国家税制改革的总体方向与要求，落实新修订的高新技术企业认定、研发费用加计扣除政策。企业获得的财政性科技资金，符合不征税收入条件的，在计算应纳税所得额时，从收入总额中扣除。以郑州大学为依托，联合郑州、洛阳、新乡市及相关单位，建立河南省创新驱动发展战略研究院，为示范区建设提供战略研究和决策咨询。二是培育鼓励创新、崇尚创业、宽容失败的创新创业文化，强化宣传和舆论引导，每年专题召开高规格的全省科技创新奖励大会，对做出突出贡献的企业、高等学校、科研院所、行业组织及战略科技人才、科技领军人才、创新型企业家、创新创业优秀团队按有关规定进行奖励。建立健全激励创新、允许失败、尽职免责的容错机制，积极开展职务犯罪预防，把因缺乏经验、先行先试出现的失误和错误，同明知故犯的违纪违法行为区分开来，对有关单位和个人在履职担当、改革创新过程中，未能实现预期目标或出现偏差失误，但符合法律法规和政策规定，勤勉尽责、未谋取私利的，视情况从轻、减轻或免于追究相关责任。

（七）结论及启示

通过对比分析可以发现，目前各国家自创区在道路交通、水电气暖等基础设施方面大多不存在明显的硬件条件差异，主要差异已经集中在创新环境、创新机制等软环境建设方面。尤其是目前各国家自创区已经普遍围绕落实创新驱动发展战略、学习中关村等先行先试经验，从推动政府职能转变、营造宽容失败的创新创业文化氛围等角度，努力营造优良的创新生态和创新氛围，大力推动国家自创区健康持续发展。综合来看，在创新环境机制方面主要有以下几个差异或趋势值得关注。

一是大力建设服务型政府成为政府在国家自创区建设发展中的转型导向。国家自创区作为先行先试率先改革突破的重点区域，也是加快推动政府由管理型向服务型转变的先行引领区。比如北京中关村、天津滨海国家自创区等通过大力提升政府服务企业、服务创新发展的效率和水平，充分发挥政府的综合协调和引导激励作用，有力推动了自创区发展质量和效率提升。

二是加快推动简政放权改革成为国家自创区优化创新环境的重点举

措。比如深圳、武汉东湖、长株潭国家自创区普遍提出了要精简审批项目，优化审批流程，提高审批效率，着力营造低成本、高效率的投资环境。放管服各项改革举措深入落实，也为国家自创区吸引集聚、培育壮大企业和人才队伍提供了优良的发展环境。

三是树立创新理念是国家自创区引领创新发展的核心理念。观念决定方向，思路决定出路，理念的先进性决定了发展的先进性，只有坚定创新理念，才能实现创新发展。北京中关村、上海张江国家自创区等引领区域创新发展的一个重要因素就是其树立了鲜明的创新理念和培育了浓厚的创新氛围，其勇于创新、尊重创造、敢于开拓的理念为国家自创区率先推进改革开放创新提供了发展沃土。

四是弘扬创新文化是国家自创区优化创新环境、增强软实力的重点。对于创新型企业、创新型人才而言，具有开放、共享、务实、高效的创新文化氛围，具有鼓励创新、崇尚创业、宽容失败的创新创业文化，是能够吸引企业、留住人才的重要因素。

五是目前国家自创区依然存在较为突出的执行优化创新环境相关政策不到位的现实问题。以郑洛新国家自创区为例，关于优化创新环境推动郑洛新国家自主创新示范区发展，从省级层面已经出台支持的政策体系，但在具体落实过程中，部分行业配套细则不完善，高校、科研机构等政策主体单位改革意识不强，企业了解相关政策渠道不多，导致不同程度存在政策"棚架"现象，很多好的政策不能落地，极大地制约了政策红利的有效释放，不利于自创区加快发展，这些也为今后创新机制、优化政策提供了导向和重点。

二　创新创业服务机制比较分析

（一）北京中关村国家自创区创新创业服务机制

北京中关村国家自主创新示范区通过深入实施"创业中国"中关村

引领工程，完善创新创业市场化服务体系。具体做法：深入开展高校院所育苗工程、领军企业摇篮工程、创业人才集聚工程、创业金融升级工程、创客极客筑梦工程、创业服务提升工程、创业文化示范工程七大工程。完善中小企业创新服务体系。支持各类创业服务机构建设运维专业技术服务平台，支持构建高效专业服务团队、培育推荐前沿技术项目和企业。强化各类科技创新平台资源共享、技术转移、技术研发等功能，推动在高端人才、金融支撑、载体建设、公共平台、知识产权等方面形成多层次、多渠道的创新创业服务体系。

（二）武汉东湖国家自创区创新创业服务机制

武汉东湖国家自主创新示范区通过完善创业孵化器体系、搭建"加速器"体系、培育科技中介服务机构等措施，打造创新创业服务体系。具体做法如下。一是完善创业孵化器体系。支持高水平创业、跨区域创业和系列创业。搭建创业者和投资者之间的合作交流平台，鼓励、引导和支持各类人才创新创业。创新孵化器运行机制，扩大孵化器规模，围绕主导产业建立专业孵化器，提升孵化器服务水平。二是搭建"加速器"体系。吸引社会资本参与"加速器"建设，探索完善市场化运营机制。鼓励和引导企业完善管理制度，提高知识产权运用能力，形成可持续发展模式。加强对企业融资扶持，推动创业投资和企业的对接，支持金融机构创新信贷品种，支持企业充分利用资本市场融资。三是培育科技中介服务机构。培育生产力促进中心、创业服务中心、科技情报信息中心、知识产权事务中心、技术产权交易机构等各类科技中介机构，支持建立行业协会，建立和完善技术市场、人力资源市场、科技条件市场、技术产权交易市场等，着力提升科技中介机构服务能力，推进政府采购科技中介服务。

（三）深圳国家自创区创新创业服务机制

深圳国家自主创新示范区以构建企业孵化培育生态链、培育科技中介服务机构和推进企业信用体系建设为抓手，完善创新服务体系。具体做法如下。一是构建企业孵化培育生态链。建立差异化服务的孵化培育体系，实施创业苗圃、孵化器、加速器、科技园区相结合的大孵化器战略，形成全过程、全要素的孵化培育生态链。引导社会资源向孵化载体聚集，创新孵化载体投融资服务模式，探索孵化组织新机制，完善公共服务体系，提升孵化培育能力。二是培育科技中介服务机构。引导科技中介服务机构向服务专业化、功能社会化、组织网络化、运行规范化方向发展。加强行业协会、学会和产业组织对科技中介服务机构的指导，鼓励国内外知名的技术服务机构在深圳开展专业服务，加强科技服务机构和人员的诚信体系建设。三是推进企业信用体系建设。健全示范区企业信用体系，建立企业信用信息数据库，完善企业征信数据格式、数据库建设规范等信用标准体系，实现企业信用信息的标准化。引导和指导企业建立内部信用管理体系，提升企业的信用管理水平。

（四）苏南国家自创区创新创业服务机制

苏南国家自主创新示范区积极对接科技部"创业中国"行动，实施"创业苏南"示范工程，构建创新创业生态服务体系。具体做法如下。一是启动"创业江苏"行动计划，以苏南国家自主创新示范区为重点，构建一批适应大众创新创业需求和特点，低成本、便利化、全要素的"众创空间"，实现创新与创业相结合、线上与线下相结合、孵化与投资相结合，为广大创新创业者提供良好的工作空间、网络空间、社交空间和资源共享空间。二是充分利用苏南国家自主创新示范区先行先试的有利条件，让行业领军企业、创业投资机构、社会组织等社会力量成为推动"众创空间"发展的主力军。三是鼓励与海外机构和组织合作，通过引进技术、资金、高端管理人才等方式共建孵化器，吸引海外高层次人才创新创业。支持国有孵化器加快组织创新和机制创新，采取托管等市场化方式运营。鼓励孵化器及其管理人员持股孵化，充分调动从业人员积极性。

（五）长株潭国家自创区创新创业服务机制

长株潭国家自主创新示范区以构建市场化、专业化、集成化、网络化的众创空间为载体，有效整合资源，培育创新创业主体，完善创新创业服务体系。一是加快创业苗圃建设。在长沙高新区创业苗圃计划的基础上，着力打造覆盖示范区全域的预孵化体系，依托企业、高校院所、投资机构等全社会各界力量，加快建设一批创业创新园、创业咖啡、创业社区等创业苗圃。强化商业计划咨询、注册指导等服务能力，完善精细化的"创业种苗"培育和专业化的"成长管理"运作模式，与示范区内的孵化器、加速器共同形成梯级创业孵化体系。二是建设创新型科技企业孵化器。借鉴车库咖啡、创新工场等新型孵化器模式，积极吸引社会资本参与，以"新服务、新生态、新潮流、新概念、新模式、新文化"为导向，打造一批投资促进型、培训辅导型、媒体延伸型、专业服务型、创客孵化型等创新型孵化器。建立健全孵化服务团队的激励机制和入驻企业流动机制，加快社会资本和创业孵化的深度融合，聚合各类创业要素，形成涵盖项目发现、团队构建、投资对接、商业加速、后续支撑的全过程孵化链条。三是培育生态化的创业示范社区、创业创新园。积极引进和建设一批 YOU + 等以"孵化器 + 宿舍"为特征的新型创业公寓，为创业者提供价廉宜居的创业空间。支持各园区、大型企业以产业转型升级为契机，通过盘活办公楼宇和厂房，集聚创业者、投资人、创业导师、服务机构、媒体等创业要素，营造有利于大众创新创业者交流思想、沟通信息、碰撞想法的工作空间、网络空间、社交空间和资源共享空间，打造形成一批创业创新文化浓郁的创业生态示范社区和示范园。四是扶持建设众创空间。推广新型孵化模式，鼓励发展众创、众包、众扶、众筹空间。加大政策扶持，适应众创空间等新型孵化机构集中办公等特点，简化企业登记手续，为创业企业工商注册提供便利。支持有条件的地方对众创空间的房租、宽带网络、公共软件等给予补贴。完善创业投融资机制，发挥政府创投引导基金和财税政策作用，积极探索创新券等扶持手段，对众创空间内的种子期和初创期科技型、创意型中小企业给予支持，促使更多"创客"脱颖而出。

（六）天津国家自创区创新创业服务机制

天津国家自主创新示范区通过完善市场化创业孵化服务链条、探索建设众创空间等新型创新创业平台、支持有条件的传统孵化器向众创空间转型升级等措施，构建自创区创新创业服务机制。一是完善市场化创业孵化服务链条。围绕企业生命周期，构建"创业苗圃—孵化器—加速器"三位一体的全链条孵化服务体系。重点在科技创新资源集聚的区域建设创业苗圃，探索市场化创业服务机构、龙头企业、高校院所联合共建创业苗圃的模式。在新一代信息技术、高端装备、生物医药等产业领域建设一批专业孵化器和加速器，鼓励产业集群效应显著的区域建设高新技术综合孵化器。完善孵化器科技中介服务、商务服务等的配套功能。二是探索建设众创空间等新型创新创业平台。围绕大众创新创业需求，支持鼓励企业、投资机构、行业组织等社会力量投资建设或管理运营创客空间、创业咖啡、创新工场等新型孵化载体，力争打造 100 个低成本、便利化、全要素、开放式的众创空间。利用老旧厂房、闲置房屋、商业设施等资源进行整合和改造提升，打造一批众创空间。鼓励在津高校院所、大学科技园建设大学生创业培训实践基地，大力推动"闯先生"等大学生开放式创业平台发展。支持领军企业开展内部创业、搭建开放式创新服务平台。开展众创空间认定，加大众创空间的财政资金支持力度，引导众创空间运营商设立种子基金支持初创企业发展。三是支持有条件的传统孵化器向众创空间转型升级。支持传统孵化器从"重资产，轻服务"向"轻资产，重服务"转变，向低成本、便利化、全要素、开放式的众创空间转型。推动孵化器配套专业服务人才、完善管理运营制度。鼓励孵化器延伸孵化服务链条，加强创业导师服务、投融资服务、创业培训、政策解读等服务配套，积极拓展创业者急需、附加值高的服务项目。

（七）郑洛新国家自创区创新创业服务机制

郑洛新国家自创区通过积极构建创新创业孵化载体、加快发展科技服务业等举措，构建创新创业生态服务体系。一是积极构建创新创业孵化载体。比如支持洛阳市建设国家小微企业创业创新基地城市示范，形成可复制的经验进行推广。围绕区域经济和产业发展需求，建设一批产业整合、金融协作、技术创新资源共享的"双创"示范城市和"双创"示范基地。积极培育众创空间等创新创业孵化载体，推进市场化、专业化、集成化、网络化，实现创新与创业、线上与线下、孵化与投资相结合，为小微创新企业和个人创业提供低成本、便利化、全要素的开放式综合服务平台。依托行业龙头企业、科研院所建设一批专业化众创空间。实施知识产权助力创新创业计划，以国家知识产权创意产业试点园区为引领，加快建设一批知识产权创新创业基地。鼓励支持多元主体投资建设科技企业孵化器、大学科技园，鼓励各类孵化载体实行市场化运营，在土地、资金、基础设施建设等方面给予积极支持。积极发展众创众包众扶众筹，培育一批基于互联网的新型孵化平台，推动技术、开发、营销等资源共享。二是加快发展科技服务业。加快构建科技创新全链条的科技服务体系。积极推进示范区内创业孵化、知识产权服务、第三方检验检测认证等机构的专业化、市场化改革，在符合国家规定、有效控制风险的前提下，壮大技术交易市场。形成推动科技服务业创新发展的政策体系。落实国家将符合条件的科技服务企业纳入高新技术企业范围的政策，落实国家已出台的高新技术企业税收优惠、研发费用加计扣除、技术转让与科技企业孵化器税收优惠等促进科技创新的政策，建立激励科研设施、仪器开放共享等机制，为促进科技服务业发展营造良好的政策环境。加快国家质检中心郑州综合检验检测高技术产业园建设，依托示范区打造检验检测高技术产业基地和国家检验检测高技术服务业集聚区。以国家科技服务业试点区域为重点，加快推动科技服务业发展。

（八）结论及启示

通过对国家自创区创新创业服务机制的比较分析可以看出，打造创新创业生态体系是构建自创区创新服务机制的重要途径。综合来看，主要有以下几个共性特点和趋势特征。

一是优化创新创业生态对国家自创区优化创新创业服务、完善创新机制具有重要意义。当前，国家或区域之间的竞争越来越聚焦在人才、资源、企业、产业等创新生态核心要素方面，国家自主创新示范区高质量发展的能力与水平越来越取决于其在优化创新生态方面是否能占据主动、形成竞争优势。创新生态的建立与持续优化，有利于解决国家自主创新示范区的经济发展方式、产业发展质态、企业创新能力、区域协同发展等方面存在的突出难题；有利于促进创新要素在城市之间、城乡之间、园区之间、创新主体之间自由流动，推进区域创新一体化，构建一体化的区域创新体系，为创新型国家建设探索新路径。

二是不断完善高水平高效率创新创业载体平台，这是优化创新创业服务机制的重点。创业苗圃、孵化器、加速器、众创空间等各类载体是自创区创新创业生态建设的基础设施，也是承接各类创新资源，集聚创新创业要素的主要平台。上述典型自创区均结合自身特点和国家自主创新体系建设要求，将创新创业平台载体建设工作作为其推动创新创业生态建设的重要抓手，以平台建设，促创新发展，取得了良好的成效。

三是各国家自创区应结合自身发展基础、特色以及突出短板，选准着力点优化创新创业服务机制。例如结合郑洛新国家自创区自身情况及比较分析结果来看，郑洛新国家自创区在后续发展过程中，应加大技术创新平台、创业孵化平台、综合服务平台、人才培养平台、知识产权交易平台等载体建设力度，促进平台载体提质增效，为自创区建设提供坚实的平台支撑。

三　科技成果转化机制比较分析

（一）北京中关村国家自创区科技成果转化机制

北京中关村国家自主创新示范区在促进科技成果转移转化方面，一是落实《中华人民共和国促进科技成果转化法》，建立并完善可复制、有示范作用的成果转化市场体系和服务体系。二是完善科研人员创新创业保障和激励政策，畅通科技人员在高校院所与企业间的双向流动渠道，支持科研人员创办企业。三是推动开展事业单位有形、无形类国有资产分类管理考核，应用类科技成果强制公开交易，技术入股形成的国有股转持豁免等试点。四是优化市级科技财政资金对基础性、前瞻性、公益性研究的支持方式。五是率先开展领衔科技专家科研项目管理自主权试点、科技分类评价改革试点等。在市属高校院所、新型研发机构研究开展扩大科研自主权改革。完善国有企业技术收入分配、股权激励制度，健全国有企业创新激励机制。

（二）武汉东湖国家自创区科技成果转化机制

武汉东湖国家自主创新示范区通过深化校企合作，促进高校、科研院所科技成果转化。一是深化区校战略合作关系。推进武汉东湖国家自主创新示范区与高校、科研院所和大型企业的全面战略合作，探索多种产学研深度结合的有效模式和长效机制，共建公共研发平台，联合促进重大科技创新和产业化项目落地。二是探索高校、科研院所科技成果技术转移和产业化的有效机制。提升大学科技园服务能力，支持高校师生在东湖示范区创新创业。推进科研项目立项评审和人员考评制度改革，引导高校、科研院所围绕经济社会发展重大科技问题开展创新。鼓励高校、科研院所改革技术成果管理制度，推动技术成果转移转化。

（三）深圳国家自创区科技成果转化机制

深圳国家自主创新示范区以构筑技术转移服务链、推动高等学校科研机构技术转移、提高技术转移服务能力等为抓手，促进自创区科技成果转移转化。一是构筑技术转移服务链。加大各类技术转移服务机构的培育力度，依托高交会、文博会、创新创业大赛等科技成果转化平台，开展以市场为导向，多渠道、多层次的技术转移服务体系，构筑从基础研究到技术发明和成果转化环环相扣的服务链。二是推动高等学校、科研机构技术转移。鼓励高等学校和科研机构建立技术转移专门机构，探索建立高等学校、科研机构与企业间实行技术转移人才双向流动机制，支持高等学校和科研机构建立和完善促进科技成果转移转化机制，推动财政性资金形成的科技成果转移。三是提高技术转移服务能力。鼓励技术转移机构创新服务模式，创新服务品种，提供专业化服务。鼓励引进国际技术转移机构，共建技术转移机构和基地，开展国际技术转移合作。完善培养和引进技术转移人才的政策措施，吸引项目和高端技术转移人才向深圳流动。

（四）苏南国家自创区科技成果转化机制

苏南国家自主创新示范区促进高校院所科技成果转化的具体措施如下。一是强化技术转移服务机构和组织建设，推进科技成果转移转化管理改革，探索新型专业化服务模式，提升高校院所技术成果向现实生产力转化的效能。二是支持省内高校院所普遍建立技术转移中心，支持省外高校院所在苏南自创区建立实体化的技术转移分支机构，探索建立定期考核评估、择优支持的高校技术转移中心持续支持机制，鼓励高校院所科技人员围绕企业需求开展前瞻性应用研究，提升高校院所服务地方经济社会发展的能力。三是推进高校院所科研成果处置权、分配权、收益权改革试点，完善高校院所相关考核和专业技术职称评聘，探索建立鼓励科技成果转化的科技评价制度。四是组建江苏省技术转移联盟，探索建立技术转移资源共享、协同互动、优势互补、平等互利的运作机制和新型专业化服务模式，加快促进技术成果转移转化。

（五）长株潭国家自创区科技成果转化机制

长株潭国家自主创新示范区充分发挥市场在资源配置中的决定性作用，促进科技成果转移转化。一是建立科技成果转移转化的市场定价机制。整合区域科技成果转移转化服务资源，规范开展科技成果与知识产权交易，组织科技成果展览展示、重点科技成果推介、招商对接洽谈等活动，探索协议定价和在技术交易市场挂牌交易、拍卖等市场化的科技成果市场定价机制和交易模式，提高科技成果转移转化效率。二是建设科技成果转移转化服务体系。积极创建国家中部技术转移中心，完善技术转移服务体系，促进创新能力提升和科技成果转化。发挥政府采购促进创新的作用，探索运用首购订购、非招标采购以及政府购买服务等方式，支持创新产品的研发和规模化应用。鼓励企业与研究开发机构、高等院校及其他组织采取联合建立研究开发平台、技术转移机构或者技术创新联盟等产学研合作方式，共同开展研究开发、成果应用与推广、标准研究与制定等活动。加强对研究开发机构、高等院校科技成果转化的管理、组织和协调，促进科技成果转化队伍建设，优化科技成果转化流程。大力培育和发展技术市场，鼓励创办科技中介服务机构，以政府购买服务的形式支持科技中介服务机构的科技成果转移转化活动。

（六）天津国家自创区科技成果转化机制

天津国家自主创新示范区依托京津冀融合战略，推动跨区域产学研深度融合，探索跨区域技术转移转化合作机制。一是依托京津冀高校（武清）科技创新园等合作载体，完善院市合作长效机制，推进示范区企业与优势科研院所和高等学校合作对接，打造京津冀高校院所科研项目产业化基地。二是依托京津冀高校院所技术转移部门，联合企业、科技金融服务机构、技术转移服务机构等市场化主体，建设投资主体多元化、管理运营市场化的技术转移服务联盟，推动科技成果以许可方式在三地扩散。

（七）郑洛新国家自创区科技成果转化机制

《中共河南省委河南省人民政府关于加快推进郑洛新国家自主创新示范区建设的若干意见》指出，通过建设技术转移转化平台和制定促进技术转移转化的具体办法等措施，促进自创区科技成果转移转化。一是支持示范区技术转移转化重大平台建设。加快国家技术转移郑州中心建设和运行，郑州、洛阳、新乡市可优先在国家技术转移郑州中心设立分支机构，省市专项资金在项目建设上予以支持。在中心运行上，给予连续3年的运营补贴和工作经费，主要用于吸引高水平研发平台和技术转移机构等入驻；中心稳定运行后，可按国家技术转移郑州中心技术交易额的一定比例给予奖补。建设集"互联网＋"技术信息、交易、转让、融资、孵化于一体等的综合服务平台。加强与中国科学院合作，支持河南省中国科学院科技成果转移转化中心发展，推进中国科学院高端科技成果在河南省转移转化。二是制定促进技术转移转化的具体办法，鼓励企业引进省内外先进技术成果在示范区转移转化，财政采取后补助的方式，对引进转化省（境）外先进技术和成果以及合作开发的项目，按技术成果实际交易额的10%对技术承接单位给予补助，最高可补助100万元。对新认定的省级以上技术转移示范机构给予一定奖补，对促成省内外高等学校、科研院所、企业的技术成果和专利技术在示范区转移转化的省级以上技术转移机构，按技术开发、技术转让合同中实际技术交易额的2%给予补贴，同一技术转移机构每年补助金额最高100万元。争创区域性科技成果转移转化试点，建设国家科技成果转移转化示范区。

（八）结论及启示

一是科技成果转移转化的区域差异明显。通过对比分析可知，国内典型自创区在推动技术成果转移转化过程中，均将大力发展技术市场作为重要的措施，但是区域差异依然较为明显。以郑洛新国家自创区为例，与国内先进自创区相比，其技术成果转移转化能力较差，具体表现在技术合同登记额相对较少。2017年，河南省技术合同成交5877项，全国占比1.60%；成交额77.05亿元，全国占比0.57%。技术合同成交额全国排名前3的分别为北京市、湖北省和广东省，河南省位列第24；中部六省排名前3位的分别是湖北省、安徽省和湖南省，河南省排名倒数第1。2017年，河南省技术合同成交项数、成交额绝大部分集中在郑洛新国家自创区，特别是郑州和洛阳两市成交额占比达84.04%。

二是推进科研机构与生产企业的供需对接，这是提升科研成果转移转化效率的关键所在。科研成果供、需相互不匹配是造成目前科研成果转移转化低质低效的重要影响因素，推动科研院所研发工作与企业技术需求对接是判断科研成果转化机制是否高效可行的重点，通过比较分析可以看出，建立公共服务平台以及拓宽信息交流渠道等措施可以有效破解信息不对称对科研成果转移转化带来的影响。

三是政策短板是影响科研成果转移转化能力提升的突出短板。以郑洛新国家自创区为例，通过比较分析可以发现，造成郑洛新国家自创区技术成果转移转化能力较差的原因主要是缺乏政策支撑。截至2017年底，河南省尚未出台支持技术市场发展的具体政策措施，没有鼓励技术成果转移转化的切实可行的措施和方法，技术交易主体缺乏积极性。技术交易相对活跃的其他省份，如湖北省已率先推出"科技十条""新九条"等创新政策，科技体制改革全面深入推进；成都市出台"科技成果转化十条"和"知识产权十条"，充分发挥科技创新和知识产权对建设成都国家中心城市的推动作用。因此，通过对比，未来郑洛新国家自创区需加强技术成果转移转化政策创新力度。

四 创新发展激励机制比较分析

（一）苏南国家自创区创新激励机制

一是落实推广中关村政策。率先落实好国家向全国推广的中关村6条政策，包括科研项目经费管理改革、非上市股份转让、科技成果使用处置和收益管理、扩大税前加计扣除研发费用范围、股权和分红激励、职工教育经费税前扣除等相关政策及配套措施。积极复制推广中关村先行先试的4条政策，包括给予技术人员和管理人员的股权奖励可在5年内分期缴纳个人所得税；有限合伙制创投企业投资于未上市中小高新技术企业2年以上的，可享受企业所得税优惠；对5年以上非独占许可使用权转让，参照技术转让给予所得税减免优惠；对中小高新技术企业向个人股东转增股本应缴纳的个人所得税，允许在5年内分期缴纳。二是开展创新政策试点。推进苏南国家自主创新示范区在深化科技体制改革、建设新型科研机构、科技资源开放共享、区域协同创新等方面先行先试、寻求突破。江苏省拟先行先试的政策首先在苏南国家自主创新示范区试点。研究制定支持海外高层次人才承担政府科技计划的扶持措施，建立健全企业、高校和科研机构参与国际大科学计划和大科学工程的支持机制。探索企业研发机构、科技企业孵化器优先供地的政策。认真落实国家级科技企业孵化器、大学科技园有关税收政策，加大对省级科技企业孵化器、大学科技园建设的奖励和支持力度。示范区先行先试取得成功的改革举措和做法，要积极向各类科技园区推广。

（二）天津国家自创区创新激励机制

一是完善示范区政策支持体系。加快落实中关村"6＋4"政策。出台支持产业发展、企业、众创空间发展的相关政策。完善科技成果转化激励政策，构建有利于自主创新和科技成果转化的政策体系。整合优化创新创业人才引进、培养、任用以及评价政策。完善科技金融创新激励政策、知识产权保护政策。加强相关政策、规划的统筹协调和有效衔接，形成协调有力、长效管理的创新政策体系。二是加大体制机制改革和政策创新力度。探索科技管理体制自主改革，先行先试体制机制创新。进一步加快科技成果使用、处置和收益管理改革，赋予市属科研单位自主决定科技成果处置方式权，科技成果转化所得收益全部留归单位或奖励给发明人。加大科技金融政策创新，实施中小微企业贷款风险补偿机制，对企业首笔贷款和信用贷款的坏账损失给予补偿。

（三）郑洛新国家自创区创新激励机制

一是落实《中华人民共和国促进科技成果转化法》等相关法律和政策，下放科技成果使用、收益和处置权，高等学校、科研院所和其他主要从事科技成果转移转化业务的事业单位将职务科技成果转让收益用于奖励成果完成人和为成果转化做出重要贡献的其他人员，奖励金额比例不低于70%，最高为100%。事前有约定的，按约定执行。高等学校、科研院所1年内未实施转化的科技成果，可由成果完成人或团队通过与单位协商自行转化。对在科技成果转化中做出突出贡献的科技人员给予奖励。将高等学校、科研院所专业技术人员科技成果转化情况纳入职称评价内容，在工程、研究等专业技术职务系列中设立科技成果转化专业，不占用所在单位名额。

二是对于担任领导职务的科技人员获得科技成果转化奖励，按照分类管理的原则执行。在研究开发机构、高等学校等事业单位（不含内设机构）担任正职领导职务的科技人员可获得现金奖励，其他领导可获得现金、股份或出资比例等奖励和报酬。鼓励高等学校、科研机构转化职务科技成果以股权或者出资比例分红形式给予科技人员个人奖励，获奖人在取得股份、出资比例分红时，暂不缴纳个人所得税；取得股份、出资比例分红或转让股权、出资比例所得时，依法缴纳个人所得税。主要从事科技成果转移转化业务的事业单位可参照执行。

三是高新技术企业转化科技成果，给予本企业相关技术人员的股权奖励，个人一次性缴纳税款有困难的，可根据实际情况自行制定分期缴纳计划，在不超过 5 个公历年度内分期缴纳。对上市公司高管人员取得股票期权在行权时，纳税确有困难的，可自其股票期权行权之日起，在不超过 6 个月的期限内分期缴纳个人所得税。示范区对民营科技型企业因分红产生的个人所得税，可根据其转增投资情况给予相应的政策激励。国有科技型企业可以采取股权出售、股权奖励、股权期权、分红等方式，对企业重要技术人员和经营管理人员实施激励，小微企业的股权激励总额不超过企业总股本的 30%。支持国有企业提高研发团队及重要贡献人员分享科技成果转化或转让收益比例，具体由双方事先协商确定。

（四）结论及启示

通过对比分析可知，全国大部分国家自创区以施行"6+4"政策为核心，结合自身特点构建创新激励机制。"6+4"政策是指 6 项中关村先行先试政策和 4 项在国家自主创新示范区推广的先行先试政策。先行先试的政策主要包括科技成果处置权和收益权改革、税收优惠、股权激励、科研经费管理改革等方面，如表 5-1 和表 5-2 所示。

表 5-1　中关村先行先试 6 项政策

政策	政策要点	突破点
科技成果处置权和收益权政策	科技成果全部由单位自主决定转化，收益留归单位。科技人员奖励按照约定优先原则，且不低于收益的 50%	以前需要主管部门和财政部门审批和备案，收益上缴国库，后来划档 800 万元、800 万~5000 万元、5000 万元以上，收益按比例上缴国库

政策	政策要点	突破点
创新创业税收试点政策	职工教育经费,不超过工资薪金总额8%的部分,准予在计算应纳税所得额时扣除,超过部分准予在以后纳税年度结转扣除;以股份等股权形式给予技术人员奖励,可分期缴纳个人所得税,最长不超过五年	职工教育经费税前扣除比例由2.5%提高到8% 解决科研人员获得奖励股权但未取得股权收益情况下,缴纳个人所得税可能存在困难的问题
股权激励试点政策	国有高新技术企业、高校、科研机构进行股权和分红权激励改革,对做出突出贡献的科技人员实施技术入股、股权奖励、期权、分红权等多种形式激励	明确了激励方式,实施激励的条件,以及激励方案审批机构、程序和时限等
科研经费管理改革试点政策	在新立项项目中开展间接费用补偿、科研项目经费分阶段拨付、后补助和增加经费使用自主权试点	增加了分阶段拨付、后补助和经费使用自主权试点内容
高新技术企业认定试点政策	注册半年不足一年的企业,可申请认定高新技术企业,发蓝本证书,不享受税收优惠;核心知识产权增加"国家新药,国家一级中药保护品种"等	将成立不足一年的初创期企业纳入认定范围;补充完善了企业核心自主知识产权范围
全国性场外交易市场建设	2013年1月,全国中小企业股份转让系统正式挂牌并落户中关村;2014年12月3日国务院常务会议要求,推广至全国	

表5-2 国家自主创新示范区先行先试4项政策

政策	政策要点
股权奖励个人所得税政策	对示范区内的高新技术企业转化科技成果,给予本企业相关技术人员的股权奖励,技术人员一次缴纳税款有困难的,经主管税务机关审核,可分期缴纳个人所得税,但最长不得超过5年
有限合伙制创业投资企业法人合伙人企业所得税政策	注册在示范区内的有限合伙制创业投资企业,采取股权投资方式投资于未上市的中小高新技术企业2年(24个月)以上的,该有限合伙制创业投资企业的法人合伙人,可按照其对未上市中小高新技术企业投资额的70%,抵扣该法人合伙人从该有限合伙制创业投资企业分得的应纳税所得额,当年不足抵扣的,可以在以后纳税年度结转抵扣

续表

政策	政策要点
技术转让所得企业所得税政策	注册在示范区的居民企业,在一个纳税年度内,转让技术的所有权或 5 年以上(含 5 年)许可使用权取得的所得不超过 500 万元的部分,免征企业所得税;超过 500 万元的部分,减半征收企业所得税
企业转增股本个人所得税政策	示范区内中小高新技术企业,以未分配利润、盈余公积、资本公积向个人股东转增股本时,个人股东应按照"利息、股息、红利所得"项目,适用 20% 税率征收个人所得税。个人股东一次缴纳个人所得税确有困难的,经主管税务机关审核,可分期缴纳,但最长不得超过 5 年

从对各国家自创区的实证分析来看,其最大的"福利"就是拥有了促进自主创新和产业发展的"先行先试"权。以郑洛新国家自创区为例,当前,河南省委省政府出台了《关于支持郑洛新国家自主创新示范区建设的政策意见》,在激发创新主体活力、推进开放式创新、集聚海内外人才资源、创新科技管理体制机制、优化创新创业环境等五个方面提出了 30 条求新务实的先行先试政策。未来,郑洛新国家自创区应最大程度地发挥激励引导作用,推动示范区建设尽快破题、取得成效,为河南创新驱动经济社会发展注入强心剂。

同时,用足用好其他国家自创区可复制可推广经验做法是推动国家自创区改革创新发展的有效举措。当前,各国家自创区都积极深化改革、推动创新,在创新激励奖惩机制等方面努力探索,并已经形成一批可复制可推广的经验做法和模式,不断强化在改革创新中的示范、突破、带动作用。对于已经形成的可复制可推广经验,各国家自创区应结合地方实际,完善配套制度、细化实施方案,不走错路、少走弯路,确保把改革有效政策用足用好,把创新体制机制推向更高效率更高水平。

第六章

国家自主创新示范区创新能力
评估与实证分析

对国家自主创新示范区进行创新能力评估是检验自创区示范效应的重要手段。本章基于"要素—结构—功能"的研究范式，通过集中反映自创区创新能力的创新资源集聚、创新基础支撑、创新环境优化、创新国际合作四个方面构建出国家自创区创新能力的评价指标体系，并利用层次分析法进行加权综合评价，选择郑洛新国家自主创新示范区为研究对象并对其创新能力进行量化评估，然后将其与北京中关村、上海张江、广州高新区、武汉东湖以及深圳高新区等发达地区的国家自创区的创新能力进行比较分析，为更好地提升国家自主创新示范区的创新能力提供有益参考与借鉴。

一 国家自创区创新能力评估指标体系

创新能力评价指标体系的构建是一个复杂多变的动态过程。为了能够给出更加有效、客观的创新能力评价，本章基于各个区域创新环境的特点，在参考《国家高新区创新能力评价报告 2017》、罗煜（2017）、曾刚等（2016）、《中国创新指数研究》等国内研究成果的基础上，结合国家自主创新示范区发展实际和指标数据的可获得性，从创新资源集聚、创新基础支撑、创新环境优化、创新国际合作四个方面建构出国家自主创新示范区创新能力评价指标体系，共包括 4 个一级指标 29 个二级指标（见表 6-1）。

表 6-1　国家自主创新示范区创新能力评价指标体系

系统层	一级指标层	权重	二级指标层	权重
A 创新能力评价	B1 创新资源集聚	0.25	C1 R&D 经费占 GDP 比重（%）	0.2
			C2 新产品开发经费占科技活动经费比重（%）	0.2
			C3 科技支出占当年财政支出比例（%）	0.2
			C4 各类研发机构数量（个）	0.2
			C5 国家级企业技术中心数量（个）	0.2
	B2 创新基础支撑	0.25	C6 教育支出占当年财政支出比例（%）	0.1
			C7 每十万人口高等学校在校生数（人）	0.1
			C8 人均 GDP（元）	0.1
			C9 人口密度（人口数/平方公里）	0.1
			C10 城乡居民人均可支配收入（元）	0.1
			C11 第三产业增加值占 GDP 比重（%）	0.1
			C12 每百人国际互联网用户数（户）	0.1
			C13 每百人公共图书馆藏书量（册）	0.1
			C14 科技馆数量（个）	0.1
			C15 每百人移动电话用户数（户）	0.1
	B3 创新环境优化	0.25	C16 科学技术人员占从业人员比重（%）	0.1
			C17 信息技术人员占从业人员比重（%）	0.1
			C18 R&D 活动人员数（人）	0.2
			C19 单位 GDP 综合能耗（吨标准煤/万元）	0.1
			C20 每万人拥有科技论文数（篇）	0.1
			C21 每万人拥有专利数（项）	0.1
			C22 规模以上工业企业研发经费内部支出额中平均获得金融机构贷款额（万元）	0.1
			C23 技术市场成交合同金额（万元）	0.1
			C24 市区空气质量优良天数（天）	0.1

系统层	一级指标层	权重	二级指标层	权重
A 创新能力评价	B4 创新国际合作	0.25	C25 进出口总额占 GDP 比重（%）	0.2
			C26 实际利用外商直接投资额（万美元）	0.2
			C27 高技术产品占出口总额比重（%）	0.2
			C28 外商和港澳台商投资企业登记注册数（个）	0.2
			C29 平均每项国家创新基金获得资金额度（万元）	0.2

（一）创新资源集聚

创新资源是国家自主创新示范区持续开展创新活动的重要内容，集中体现了国家自主创新示范区对创新投入、创新人才和创新主体的重视和支持该项评价。该项评价主要包含 R&D 经费占 GDP 比重、新产品开发经费占科技活动经费比重、科技支出占当年财政支出比例、各类研发机构数量和国家级企业技术中心数量 5 个二级指标。

（二）创新基础支撑

创新基础是国家自主创新示范区直接参与创新驱动活动的基本保障，集中体现了对创新驱动活动有直接或间接作用的教育投入、人力状况、收入水平、信息建设等发展情况。该项评价主要包含教育支出占当年财政支出比例、每十万人口高等学校在校生数、人均 GDP、人口密度、城乡居民人均可支配收入、第三产业增加值占 GDP 比重、每百人国际互联网用户数、每百人公共图书馆藏书量、科技馆数量、每百人移动电话用户数 10 个二级指标。

（三）创新环境优化

优越的创新创业环境是国家自主创新示范区激发创新创业动力、释放市场创新创业活力的良好条件，主要体现了国家自主创新示范区创新活动所依赖的关键和基础条件。该项评价主要包含科学技术人员占从业人员比重、信息技术人员占从业人员比重、R&D 活动人员数、单位 GDP 综合能耗、每万人拥有科技论文数、每万人拥有专利数、规模以上工业企业研发经费内部支出额中平均获得金融机构贷款额、技术市场成交合同金额、市区空气质量优良天数 9 个二级指标。

（四）创新国际合作

创新国际合作可反映对外经济联系及创新驱动能力的强弱，对发展经济、增强综合实力、提高外部地位和影响力具有重要意义，是国家自主创新示范区实施创新驱动发展战略水平的具体表现。该项评价主要包含进出口总额占 GDP 比重、实际利用外商直接投资额、高技术产品占出口总额比重、外商和港澳台商投资企业登记注册数、平均每项国家创新基金获得资金额度 5 个二级指标。

本文所用的数据主要来源于《中国统计年鉴 2017》、《河南统计年鉴2017》、《河南科技统计年鉴 2017》、河南省各地市 2017 年和 2018 年国民经济与社会发展统计公报。为了更好地对比郑洛新国家自主创新示范区的创新生态环境，本文还分析了河南省其他地市及全省平均水平的创新能力评价指标。

二 国家自创区创新能力评价指标权重

指标权重的合理取值是进行科学客观评价的主要前提之一。指标的权重是综合评价的重要信息，反映指标在评价对象中的相对地位。目前，指标权重的确定方法很多，常用的有专家咨询法、因素成对比较法、灰色关联分析法、熵值法、主成分分析法和层次分析法等。其中，层次分析法是把研究对象作为一个系统，按照分解、比较判断、综合的思维方式，将定性的问题进行定量分析的一种简便实用的多目标、多准则的决策方法。由于层次分析法在处理复杂的决策问题上的实用性和有效性，它已经广泛应用于经济计划和管理、能源政策和分配、行为科学、军事指挥、运输、农业、教育、人才、医疗和环境等领域。由于国家自主创新示范区创新能力评价指标体系中不同指标的重要程度存在差异，因此在进行综合时需要对各指标的权重进行科学的确定。确定指标权重时要确保指标之间的重要程度在逻辑上的一致性。当前国际上较为流行的评价方法是先对指标数据进行标准化或者是归一化处理，然后用主成分分析法与德尔菲法结合确定权重，最后用加权求和的方法得出评价指标的效用总值。

三 国家自创区创新能力评估模型

区域创新能力指数运用基于层次分析法的加权综合评价法来测算，根据层次分析法获得具体指标的权重，分层逐级综合，最后得到区域创新能力的综合指数。

（一）评价指标数据标准化处理

指标数值为百分数的，如果指标的最大值（或目标值）可以达到100%，则使用观测原值作为标准化值。当指标数值的单位为万元、个、册等时，按照正向指标和逆向指标分别进行标准化处理，具体计算方法如下：

$$\text{对于正向指标：} y_{ij} = \frac{x_{ij} - min\ x_{ij}}{max\ x_{ij} - min\ x_{ij}} \tag{1}$$

$$\text{对于逆向指标：} y_{ij} = \frac{max\ x_{ij} - x_{ij}}{max\ x_{ij} - min\ x_{ij}} \tag{2}$$

（二）子系统的创新能力指数

得到指标层的权重后，按照公式（3），可以求得子系统的创新能力指数。

$$V_i = \sum_{j=1}^{m} w\,(j)\,y_{ij} \qquad (i = 1, 2, \cdots, 5) \tag{3}$$

（三）区域创新能力综合指数

通过公式（4）求出区域创新能力综合指数。

$$U = \sum_{i=1}^{n} w_i V_i \tag{4}$$

四 国家自创区创新能力综合评估——以郑洛新国家自创区为例

从描述性统计可以看出，29项评价指标之间差距比较明显，在标准差、偏度和峰度等方面反映出来的数值差异较大，说明不同区域在创新资源集聚、创新基础支撑、创新环境优化、创新国际合作方面发展不均衡，创新的要素投入、结构水平和功能效应也存在地区差异（见表6-2）。

表6-2 国家自主创新示范区创新能力评价指标描述性统计

指标	最小值	最大值	均值	标准差	偏度	峰度
C1 R&D 经费占 GDP 比重（%）	0.08	0.94	0.47	0.28	0.38	-1.23
C2 新产品开发经费占科技活动经费比重（%）	0.49	7.99	2.57	2.13	1.61	2.09
C3 科技支出占当年财政支出比例（%）	0.46	1.81	1.13	0.39	-0.18	-0.61
C4 各类研发机构数量（个）	42	888	164.06	190.32	3.58	13.99
C5 国家级企业技术中心数量（个）	1	18	3	4.06	3.42	12.25
C6 教育支出占当年财政支出比例（%）	11.77	22.46	18.44	2.65	-0.83	0.8

指标	最小值	最大值	均值	标准差	偏度	峰度
C7 每十万人口高等学校在校生数（人）	309.28	10450.08	1932.29	2279.27	3.39	12.82
C8 人均 GDP（元）	25682.07	84113.5	45154.37	16348.44	0.99	0.47
C9 人口密度（人口数/平方公里）	0.02	0.13	0.07	0.03	0.26	-0.03
C10 城乡居民人均可支配收入（元）	13822	28039	18691.25	3307.7	1.15	2.65
C11 第三产业增加值占 GDP 比重（%）	26.76	51.28	37.61	6.36	0.19	0.12
C12 每百人国际互联网用户数（户）	60.42	147.97	85.49	19.73	1.9	5.34
C13 每百人公共图书馆藏书量（册）	8.89	75.99	29.48	17.43	1.57	2.55
C14 科技馆数量（个）	2	11	3.33	2.25	2.81	8.37
C15 每百人移动电话用户数（户）	63.08	137.85	82.5	16.57	2.26	7.25
C16 科学技术人员占从业人员比重（%）	0.11	2.05	0.42	0.48	2.79	8.18
C17 信息技术人员占从业人员比重（%）	0.19	2.21	0.89	0.55	1.21	0.8
C18 R&D 活动人员数（人）	1527	44569	10433.56	10244.13	2.37	6.99
C19 单位 GDP 综合能耗（吨标准煤/万元）	0.06	1.36	0.43	0.3	1.96	4.8
C20 每万人拥有科技论文数（篇）	0.82	28.22	5.25	6.52	2.87	9.45
C21 每万人拥有专利数（项）	0.31	11.21	2.74	2.78	1.92	4.1
C22 规模以上工业企业研发经费内部支出额中平均获得金融机构贷款额（万元）	258.04	15422.39	1992.09	3406.87	4.02	16.65

国家自主创新示范区建设比较与实证研究

指标	最小值	最大值	均值	标准差	偏度	峰度
C23 技术市场成交合同金额（万元）	175	269914.06	32805.64	78710.17	2.72	6.28
C24 市区空气质量优良天数（天）	156	211	175	27.33	1.13	2.45
C25 进出口总额占GDP 比重（%）	2.25	40.7	15.36	3.88	4.25	8.62
C26 实际利用外商直接投资额（万美元）	33610	403305	94406.22	93405.87	2.74	7.49
C27 高技术产品占出口总额比重（%）	3.51	87.2	35.43	18.94	5.64	9.35
C28 外商和港澳台商投资企业登记注册数（个）	24	634	111.33	136.36	3.68	14.53
C29 平均每项国家创新基金获得资金额度（万元）	49.99	340	157.46	76.19	0.88	0.63

（一）全省的创新能力评价分析

从河南的情况来看，全省创新能力综合指标值为 5.81，创新能力的四个一级指标值差异较大，按指标值从大到小排列，分别为创新基础支撑指标为 10.05、创新国际合作指标为 5.56、创新环境优化指标为 4.58、创新资源集聚指标为 3.06，创新发展的步伐不断加快，创新驱动经济高质量发展作用不断增强，为全省经济社会发展注入新动能（见图 6-1）。

在创新基础支撑方面，随着全省经济综合实力的不断增强，人民生活水平的不断提高，创新驱动活动对教育投入、人力状况、收入水平、信息建设等快速发展有直接或间接作用。2016 年全省生产总值增长 8.1%，一般公共预算收入增长 8%，经济总量迈上 4 万亿元新台阶；全社会研发投

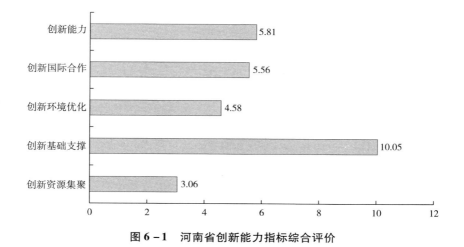

图 6 - 1　河南省创新能力指标综合评价

入达到 494.2 亿元，在全国的排名上升到第 10 位；人均地区生产总值 42247 元，比上年增长 7.6%；居民人均可支配收入增长 7.7%，人民群众获得感持续增强。郑洛新国家自主创新示范区、国家技术转移郑州中心、中原现代农业科技示范区、国家专利审查协作河南中心、国家知识产权强省试点省等一批"国字号"创新载体相继落地河南，为河南创新驱动发展提供了重要的平台，同时河南也承担了中央赋予的重任。以国家战略叠加为契机，河南省加快调整产业结构，实施创新驱动发展，推进产业转型升级，第三产业增加值为 16818.27 亿元，比上年增长 9.9%；三次产业结构为 10.7：47.4：41.9。2012～2017 年，河南积极实施创新创业激励政策，加快郑洛新国家自主创新示范区、国家知识产权强省试点省、国家技术转移郑州中心建设，大力培育创新引领型企业、人才、平台和机构，新增国家重点实验室 5 家，共达到 14 家；新建院士工作站 163 家，共达到 292 家；新增国家高新区 2 家，共达到 7 家；高新技术企业达到 2270 家；科技型中小企业突破 1.6 万家；新建省级以上科技企业孵化器 91 家，其中国家级 23 家。国家大数据综合试验区加快建设，龙子湖智慧岛入驻大数据相关企业超过 100 家。河南省高等教育发展取得突破，郑州大学和河南大学入选国家"双一流"大学和学科建设计划，将得到国家建设世界一流大学和学科的支持。

在创新国际合作方面，河南积极推动与"一带一路"沿线国家建立政府间科技合作关系，共建技术研发中心、技术转移机构和科技创业园。设立"一带一路"发展基金，中吉亚洲之星产业园成为国家级境外经贸合作园区，中欧班列（郑州）主要运营指标保持全国前列。依托高校和科研院所，河南引进海外关键技术和研发团队，建设联合实验室、科技成果转移转化基地。积极发展与美、欧、日、韩、以色列等的合作关系，重点推进与俄罗斯、白俄罗斯在化工能源、农业机械、环境工程、道路建设等方面的合作，支持河南省农牧业先进技术在吉尔吉斯斯坦等中亚国家示范推广，开展形式多样的科技合作。支持有条件的科技企业孵化器、大学科技园建设国际孵化基地，促进国际交流、培训和项目合作。2016 年，全年全省进出口总值 4714.70 亿元，比上年增长 2.6%。其中，出口总值 2835.34 亿元，增长 5.7%。全年新批准外商投资企业 196 个。实际吸收外资 169.93 亿美元，比上年增长 5.6%。实际利用省外资金 8438.10 亿元，增长 7.9%。全年对外承包工程和劳务合作业务新签合同额 44.68 亿美元，比上年增长 3.1%；营业额 52.68 亿美元，增长 9.0%。

在创新环境优化方面，河南不断加大改革力度，深化商事制度改革，优化经济环境，推进法治建设，整体营商环境不断优化，有效推动全省市场主体投资创业热情高涨、增长势头持续旺盛，市场活力正在逐步释放，发展动力更加强劲。紧紧抓住主体、平台、载体、专项、人才、机制等创新六元素，河南在全国率先提出建设现代创新体系，把"科技一招上水平"作为应对"稳增长、保稳定"的关键举措，积极推进科技体制机制改革，先后研究制定了《关于加快自主创新体系建设促进创新驱动发展的意见》《关于深化科技体制改革推进创新驱动发展若干实施意见》《郑洛新国家自主创新示范区创新创业发展基金实施方案》《关于加快推进郑洛新国家自主创新示范区建设的若干意见》《关于大力推进大众创业万众创新的实施意见》等政策文件，从政策环境、法制环境、融资环境以及营造创新社会氛围等方面着力，建立完善适应新常态的科技创新的体制机制，营造创新创业良好环境，进一步激发了全社会创新激情，取得了一大批创新成果，自主创新能力显著提升。截至 2017 年底，全省市场主体总量达到 503.2 万户，居全国第五位、中部六省第一位，总量比上年增长 11.9%，增速排名由上年的全国第 25 位跃居第 3 位；日均新登记企业 818 户，是商事制度改革前的 3.5 倍，每千人拥有市场主体数量达到 47 户，同比增长 21.9%，比商事制度改革前增长 92.3%，增速也居中部六省第一位；企业活跃度指数达到 71.5，高于全国平均水平；全省第一、第二、第三产业市场主体数量占比分别为 6.9%、7.7%、85.4%，第三产业市场主体牢牢占据主导地位。截至 2018 年 3 月 16 日，全省注册资本总量 11.27 万亿元，比上年同期增长了 24%。在国务院办公厅印发的《关于对 2017 年落实有关重大政策措施真抓实干成效明显地方予以重大激励的通报》中，河南因积极优化创新环境、推进内贸流通体制改革和服务贸易创新发展、促进外贸继续回稳向好及落实外资政策措施成效明显，受到督察激励。

（二）省辖市的创新能力评价分析

总体指标评价结果显示，全省 18 个省辖市的创新能力综合指标整体水平差异明显。郑州市创新能力继续在河南省的 18 个城市中位居第一，四个一级指标都有很大的领先优势。洛阳市则继续排在郑州市之后，在河南省地市创新能力排名中位列第二，洛阳市在四个一级指标方面也都处在第二位，而且相对于后面的 16 个城市都有一定领先优势。排在第三到第六位的分别是新乡市、焦作市、许昌市和济源市，而第三到第六位之间的差距不大。与此同时，郑州、洛阳和新乡作为郑洛新国家自主创新示范区内涉及的三个片区，在 2016 年河南省城市创新能力评价中列前三名（见表 6-3、图 6-2）。

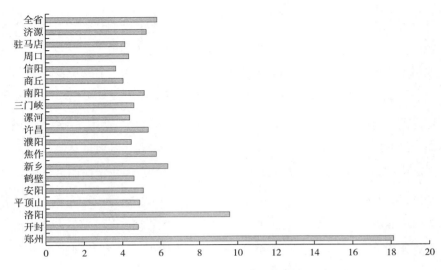

图 6－2　河南 18 个省辖市创新能力综合评价指数

表 6－3　河南 18 个省辖市创新能力评价一级指标与综合评价指标数值

地区	B1 创新资源集聚	B2 创新基础支撑	B3 创新环境优化	B4 创新国际合作	A 创新能力
郑州	14.79	16.53	21.82	19.38	18.13
洛阳	5.54	11.79	10.89	10.16	9.59
新乡	3.13	10.99	6.54	4.84	6.37
开封	1.82	10.29	3.19	3.94	4.81
平顶山	2.05	9.83	3.76	3.9	4.89
安阳	2.30	10.82	3.40	3.79	5.08
鹤壁	2.61	8.61	1.81	5.36	4.60
焦作	2.61	10.07	5.79	4.57	5.76
濮阳	2.12	9.18	1.98	4.55	4.46
许昌	2.33	9.71	4.36	4.96	5.34
漯河	2.02	8.38	2.00	5.12	4.38
三门峡	1.50	9.88	2.64	4.40	4.60
南阳	2.27	9.21	3.70	5.36	5.14
商丘	1.83	8.94	2.10	3.27	4.04
信阳	1.25	9.30	1.82	2.26	3.66
周口	1.60	8.19	1.26	6.32	4.34

地区	B1 创新资源 集聚	B2 创新基础 支撑	B3 创新环境 优化	B4 创新国际 合作	A 创新 能力
驻马店	2.38	8.92	1.71	3.53	4.14
济源	2.84	10.25	3.61	4.29	5.25
全省	3.06	10.05	4.58	5.56	5.81

从创新资源集聚指标的评价来看，排名前五位的是郑州市、洛阳市、新乡市、济源市、鹤壁市和焦作市，其中鹤壁市和焦作市并列第五位（见表6－3、图6－3）。在创新资源集聚方面，郑洛新自主创新示范区的引领优势明显。自郑洛新国家自主创新示范区获批以来，河南省委、省政府高度重视示范区建设，在加大资金投入方面，省市共投入总额近10亿元的专项资金，其中省财政设立3亿元的示范区建设专项资金，资金已于当年底拨付三市。郑洛新三市也分别设立了专项配套资金。专项资金在支持自创区培育主导产业和创新主体、建设重大创新平台、集聚高端创新人才等方面发挥了较好作用。2016年郑州市财政科技支出21.5亿元，科技支出占当年财政支出比重达到1.64%，高新技术产业增加值1800亿元，

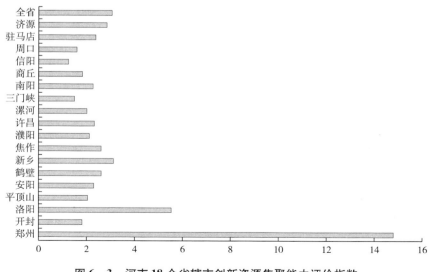

图6－3　河南18个省辖市创新资源集聚能力评价指数

高新技术产业增加值增速 12%，占规模以上工业增加值比重超过 53%，R&D 经费占 GDP 比重达到 0.94%，新产品开发经费占科技活动经费比重达到 7.99%，各类研发机构数量有 888 个，国家级企业技术中心 18 家。洛阳市按照郑洛新国家自主创新示范区"三市三区多园"的架构，将洛阳片区规划为"一核三区"，以洛阳国家高新区为核心区，以洛阳市先进制造业集聚区、洛龙省级高新区、伊滨区科技城为辐射区。2016 年洛阳市财政科技支出 75.9 亿元，科技支出占当年财政支出比重达到 1.81%，高新技术产业增加值增速 21%，占规模以上工业增加值比重 35%，R&D 经费支出占 GDP 比重达到 0.89%，新产品开发经费占科技活动经费比重达到 2.18%，各类研发机构数量 236 个，国家级企业技术中心 8 家。2016 年新乡市财政科技支出 4.79 亿元，科技支出占当年财政支出比重达到 1.57%，高新技术产业增加值 311.33 亿元，高新技术产业增加值增速 9.7%，占规模以上工业增加值比重 42.5%，R&D 经费支出占 GDP 比重达到 0.75%，新产品开发经费占科技活动经费比重达到 1.65%，各类研发机构数量 235 个，国家级企业技术中心 2 家。

从创新基础支撑指标的评价来看，排名前五位的是郑州市、洛阳市、新乡市、安阳市、开封市（见表 6-3、图 6-4）。这五个地方的创新基础支撑能力较强，相比较其他地方具有良好的基础优势，未来发展中要利用这些基础条件为科技创新服务，提高科技创新的投入产出水平。其中，2016 年郑州市教育支出占当年财政支出比例达到 11.77%；每十万人口高等学校在校生数最多，约为 10450 人；人均 GDP 最高，达到 84113.5 元；每平方公里人口密度为 0.13；城乡居民人均可支配收入最高，达到 28039 元；第三产业增加值占 GDP 比重突破 50%，达到 51.28%；每百人国际互联网用户数达到 147.97 户；每百人公共图书馆藏书量达到 30 册；科技馆数量 11 个；每百人移动电话用户数 137.85 户。洛阳市教育支出占当年财政支出比例达到 18.28%，每十万人口高等学校在校生数约为 1975 人，人均 GDP 达到 56410.33 元，每平方公里人口密度为 0.04，城乡居民人均可

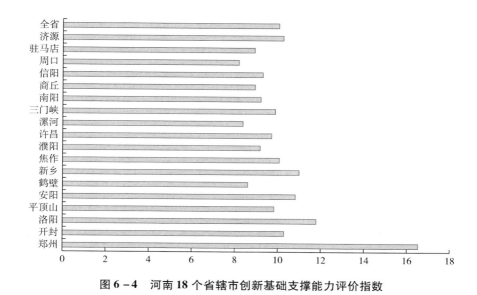

图 6 - 4　河南 18 个省辖市创新基础支撑能力评价指数

支配收入达到 20811 元，第三产业增加值占 GDP 比重达到 46.98%，每百人国际互联网用户数达到 90.9 户，每百人公共图书馆藏书量达到 37 册，科技馆数量 7 个，每百人移动电话用户数 88.62 户。新乡市教育支出占当年财政支出比例达到 20.4%，每十万人口高等学校在校生数约为 3510 人，人均 GDP 达到 37804.79 元，每平方公里人口密度为 0.07，城乡居民人均可支配收入达到 19115.1 元，第三产业增加值占 GDP 比重达到 40.15%，每百人国际互联网用户数达到 96.46 户，每百人公共图书馆藏书量达到 24 册，科技馆数量 4 个，每百人移动电话用户数 86.46 户。安阳市教育支出占当年财政支出比例达到 21.61%，每十万人口高等学校在校生数约为 1673 人，人均 GDP 达到 39602.95 元，每平方公里人口密度为 0.09，城乡居民人均可支配收入达到 19320.59 元，第三产业增加值占 GDP 比重达到 41.7%，每百人国际互联网用户数达到 97.82 户，每百人公共图书馆藏书量达到 24 册，科技馆数量 3 个，每百人移动电话用户数 90.7 户。开封市教育支出占当年财政支出比例达到 17.45%，每十万人口高等学校在校生数约为 2675 人，人均 GDP 达到 38619.04 元，每平方公里人口密度为

0.07，城乡居民人均可支配收入达到 16607.2 元，第三产业增加值占 GDP 比重达到 42.99%，每百人国际互联网用户数达到 77.81 户，每百人公共图书馆藏书量达到 22 册，科技馆数量 3 个，每百人移动电话用户数 75.37 户。在重大创新载体建设方面，郑洛新国家自创区新培育 2 家国家专业化众创空间，数量占全国近 1/8；省级以上科技企业孵化器、众创空间等创新创业载体达到 114 家，其中国家级 25 家，分别占全省的 52% 和 63%。郑州市成功获批国家促进科技和金融结合试点城市，洛阳市获批国家小微企业创业创新基地城市示范，新乡市获批国家专利质押融资、专利保险试点城市。洛阳市成功举办了第五届中国创新创业大赛和先进制造业行业总决赛。郑州、新乡高新区一年内排名上升了 4 位，郑州高新区跃升至全国第 12 位。2016 年 1 月至 11 月，郑州、洛阳、新乡三个片区高新技术产业增加值占全省高新技术产业比重超过 1/3，引领带动全省高新技术产业增加值同比增长 14.1%，高于同期规模以上工业增加值增速 6 个百分点。

从创新环境优化指标的评价来看，排名前五位的是郑州市、洛阳市、新乡市、焦作市、许昌市（见表 6－3、图 6－5）。其中，2016 年郑州市科学技术和信息技术人员占从业人员比重达到 4.26%，从事 R&D 活动人员数达到 44569 人，万元 GDP 综合能耗达到 0.22 吨标准煤，每万人拥有科技论文数达到 28.22 篇，每万人拥有专利数达到 11.21 项，规模以上工业企业研发经费内部支出额中平均获得金融机构贷款额为 1.5 亿元，实现技术市场成交合同金额 27 亿元。洛阳市科学技术和信息技术人员占从业人员比重达到 2.17%，从事 R&D 活动人员数达到 20644 人，万元 GDP 综合能耗达到 0.4 吨标准煤，每万人拥有科技论文数达到 7.9 篇，每万人拥有专利数达到 6.08 项，规模以上工业企业研发经费内部支出额中平均获得金融机构贷款额为 0.3 亿元，实现技术市场成交合同金额 22 亿元。新乡市科学技术和信息技术人员占从业人员比重达到 1.06%，从事 R&D 活动人员数达到 16226 人，万元 GDP 综合能耗达到 0.47 吨标准煤，每万人拥有科技论文数达到 11.26 篇，每万人拥有专利数达到 5.34 项，规模以

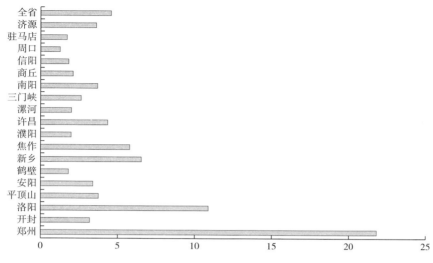

图 6 - 5　河南 18 个省辖市创新环境优化能力评价指数

上工业企业研发经费内部支出额中平均获得金融机构贷款额为 0.13 亿元，实现技术市场成交合同金额 21 亿元。焦作市科学技术和信息技术人员占从业人员比重达到 1.19%，从事 R&D 活动人员数达到 15616 人，万元 GDP 综合能耗达到 0.51 吨标准煤，每万人拥有科技论文数达到 9.71 篇，每万人拥有专利数达到 4.84 项，规模以上工业企业研发经费内部支出额中平均获得金融机构贷款额为 0.11 亿元，实现技术市场成交合同金额 2.9 亿元。许昌市科学技术和信息技术人员占从业人员比重达到 0.98%，从事 R&D 活动人员数达到 11939 人，万元 GDP 综合能耗达到 0.27 吨标准煤，每万人拥有科技论文数达到 2.17 篇，每万人拥有专利数达到 4.93 项，规模以上工业企业研发经费内部支出额中平均获得金融机构贷款额为 0.15 亿元，实现技术市场成交合同金额 0.4 亿元。

取得这些成绩得益于上述城市都实施了减轻企业税收负担、强化金融支撑作用、优化市场中介服务和加快创新驱动等一系列综合有效的举措。比如，郑州市在 2016 年 3 月出台了《郑州市降成本优供给推进实体经济持续健康快速发展的若干意见》，将"营改增"试点范围扩展至建筑业、房地产业、金融业和生活服务业，实施了固定资产加速折旧企业所得税优惠和小微企业税收优惠等政策，允许困难企业延缓缴纳社保资金、稳岗补贴、职业培训补贴，以降低企业人工成本，降低水电气等要素价格及土地要素成本、物流成本，实施科技型中小企业研发费用梯次补贴制度；许昌市实施了《供给侧结构性改革降成本专项行动计划（2016－2018年）》，实施了降低制度性交易成本、企业税费负担、社会保险费成本、企业财务成本、电力等生产要素成本和物流成本等一揽子政策措施，推动民营经济迅速发展并保持在全省乃至全国发展先进水平；济源市出台《关于打造最佳营商环境的实施意见》，进一步完善社企收费清单制度，推动中介服务机构与主管部门脱钩，切断利益关联，杜绝中介机构利用政府影响违规收费，积极落实企业用水、用电、用气各类优惠政策，加大人才引进奖补制度，降低企业人工成本开展降低企业信贷成本专项行动，健全政策性融资担保体系，推动企业融资便利化等。尤其是郑州市获批国家知识产权重点城市，将通过三年时间构建起要素完备、体系健全、运行顺畅的知识产权运营服务体系，带动重点产业的知识产权发展质量和效益明显提升，同时还获批设立了中国郑州（创意产业）知识产权快速维权中心，在专利授权、确权、维权等方面为企业提供了更为快速便捷的通道，在一定程度上调动了企业设计研发和推出创新产品的积极性。洛阳市不断扩大法律服务覆盖面，畅通法律服务渠道，升级改造"12348"法律咨询专线，建立"城区一刻钟、乡村半小时"的法律援助服务圈，出台了《小微企业创业创新基地城市示范法律维权服务实施办法》，为小微企业提供全方位的高效法律服务，提升小微企业依法经营能力，有效解决小微企业面临的合同及股权纠纷等法律问题。新乡、焦作等大多数市突出制度建设在信用体系建设中的核心作用，规范和促进了信用信息的记录、共享、使用、保护以及信用服务业发展，促成行业和部门间信用信息的互通共享，并在促进电子商务发展、推进金融保险业发展、促进中小企业发展等多项政策中嵌入社会信用制度安排。

从创新国际合作指标的评价来看，郑州、洛阳、周口、鹤壁和南阳、漯河六市排在全省前列，鹤壁和南阳并列第4位，新乡排在第8位，排在漯河和许昌之后，低于全省平均水平（见表6-3、图6-6）。这表明新乡在进出口总额、实际利用外商直接投资额、高技术产品出口、外商和港澳台商投资企业和获得国家创新基金支持等方面还存在不少短板，与郑洛新国家自主创新示范区的要求还存在一定的距离。例如，2016年郑州市实际利用外商直接投资额为40亿美元，洛阳为26亿美元，新乡只有10亿美元。但是，郑洛新三市在加强开放合作方面，积极筹备开展"北上南下、合作共赢"活动，与北京市科委签署了战略合作协议，与浙江大学共同举办了技术转移对接活动，与中关村自主创新示范区管委会、中国科学技术发展战略研究院等建立了密切合作关系。引进共建了清华大学启源先进光源产业技术研究院、浙江大学河南技术转移中心等12家新型研发机构和技术转移机构。截至　年11月份，三个片区技术合同交易额占全省的92%，带动全省技术合同交易额比2015年同期翻了近一番。郑州作为省会城市和经济首位城市，在获取战略支持和政策红利方面有先天优势，

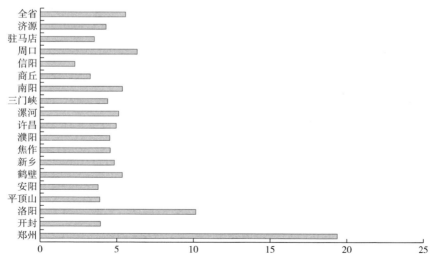

图6-6　河南18个省辖市创新国际合作能力评价指数

大多数国家、省级战略向其倾斜，加之其地理区位优越，在空港、高铁、高速公路、信息网络等基础设施建设方面取得较大成效。洛阳作为中原城市群副中心城市和经济总量居第二位的城市，获取资源能力和自身经济实力相对较强，基础设施和公共服务体系建设水平也较高。郑州和洛阳也是"一带一路"重要节点城市，在积极融入国家"一带一路"建设，加快科技资源开发共享，推进国际产能合作，加强研发合作、成果转移转化、人才引进等科技合作，全面提升开发创新能力等方面潜力巨大。

五　国家自创区创新能力差异比较

(一) 创新体系的整体效能不高

从对郑洛新国家自创区创新能力的评估和与其他国家自创区的比较分析来看，近年来郑洛新国家自创区在强化科技创新、建设创新型城市、实施创新驱动发展战略方面做了很多具体工作，示范区的区域创新能力总体上也呈现快速增强趋势，但由于科技基础实力还相对薄弱，科技对示范区经济的快速发展明显支撑不够，其区域创新能力在全国的排名仍落后于其经济发展水平在全国的排名，与先进城市相比，与建设具有国际竞争力的中原创新创业中心和开放创新先导区、技术转移集聚区、转型升级引领区、创新创业生态区的要求相比还有很大差距。特别是示范区内具有较强研发能力的高端创新资源如科研院所相对东部沿海等地区较少，使得示范区高新技术产业发展缺乏有力的技术源头、辐射中心以及高层次创新人才的支撑。例如，从 GDP 总量来看，2016 年郑洛新国家自主创新示范区 GDP 达到 1331 亿元（其中郑州高新区达到 1177 亿元，洛阳高新区达到 80 亿元，新乡高新区达到 74 亿元），排在长春高新区之后，排在全国第 16 位。而中关村高新区达到 9461.7 亿元，武汉东湖 3708.4 亿元，上海张江 3687 亿元，成都高新区 2990 亿元（见图 6 - 7）。2016 年北京、广东、江苏、上海的高新技术企业数分别为 13612 家、4936 家、3796 家和 2898

家，河南只有595家，仅占北京的1/22，广东的1/8，江苏的1/7，上海的1/5。其中新认定的高新技术企业数北京、广东、江苏、上海分别为4500家、2174家、1074家和271家，而河南仅有160家（见表6-4）。根据中国科技发展战略研究小组发布的《中国区域创新能力报告》，郑州市区域科技创新能力在最近几年基本处于一个相同的水平，位列我国的中游水平，与深圳、武汉、苏州等相比差距很大。尤其是将郑洛新国家自主创新示范区与全国其他6个国家自主创新示范区的创新环境指标进行横向对比后发现，以郑州为主的郑洛新国家自主创新示范区的基础设施、人力环境、市场环境、政策环境四个指标，与发展相当成熟的张江、深圳、中关村国家自主创新示范区的差距还较大。由此可以说，郑洛新国家自主创新示范区科技创新对区域经济增长的贡献度不高、带动作用还不强，科技创新尚未成为示范区区域经济社会发展的主要驱动力，区域创新能力仍亟待提高（见表6-5）。

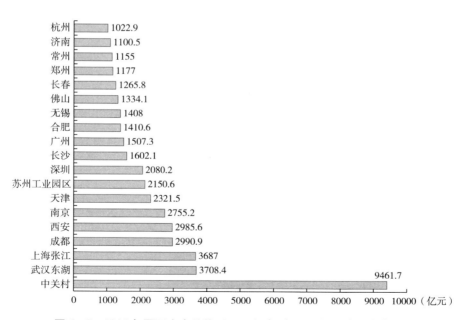

图6-7　2016年园区生产总值（GDP）超过1000亿元的国家高新区

资料来源：《2017年国家高新区发展报告》。

表 6 – 4 2016 年国家高新区高新技术企业分布情况

单位：家

省 （区、市）	高新技术 企业数	当年认定的高新 技术企业数	省 （区、市）	高新技术 企业数	当年认定的高新 技术企业数
北京	13612	4500	河南	595	160
广东	4936	2174	重庆	496	174
江苏	3796	1074	河北	413	116
上海	2898	271	山西	343	120
湖北	2278	566	江西	327	112
浙江	1496	351	贵州	270	35
天津	1384	516	黑龙江	250	68
四川	1287	346	云南	215	34
山东	1282	377	新疆	179	31
陕西	1213	205	甘肃	177	46
安徽	1057	273	吉林	164	65
湖南	920	265	海南	79	4
福建	903	241	内蒙古	77	21
辽宁	670	150	青海	33	11
广西	644	244	宁夏	11	4

资料来源：《2017 年国家高新区发展报告》。

表 6 – 5 七大国家级自主创新示范区相关指标比较

指标	张江	深圳	中关村	成都	东湖	沈大	郑洛新
每百人平均电话用户数（户）	151.8	167.3	130.6	96.7	93.1	102.7	113.4
每百人平均国际互联网用户 数（户）	47.9	65.7	58.5	39.0	43.0	40.9	40.6
科技馆数量（个）	49.0	45.0	57.0	43.0	32.0	15.0	22.0
科技馆参观人数（万人次）	662.9	241.1	502.6	703.8	135.0	72.3	108.7
年度科普经费筹集额（万元）	253182	49944	266999	61928	33995	15813	13371
进出口总额占 GDP 比重（%）	35.6	57.6	13.9	11.4	3.4	1.7	7.6
居民人均消费水平（元）	28404	23739	21628	14009	13912	13327	11427
高新技术企业占规模以上工 业企业比重（%）	8.9	15.2	9.7	6.8	6.2	5.7	7.8

指标	张江	深圳	中关村	成都	东湖	沈大	郑洛新
对教育的投资占 GDP 的比重（%）	3.5	3.5	3.7	4.6	3.2	3.9	3.6
大专以上学历所占比例（%）	17.2	7.6	18.4	9.4	11.1	11.4	10.9
平均每项国家创新基金获得资金（万元）	91.8	7402	86.4	84.9	88.8	63.8	64.5
规模以上工业企业研发经费内部支出额中平均获得金融机构贷款额（万元）	2.1	2.5	5.1	1.3	2.6	0.6	1.9

资料来源：《中国科技统计年鉴 2016》。

（二）创新要素的内在联系不畅

科技中介服务机构是连接政府、企业、高校科研院所等创新要素的纽带，是连接各创新要素并使之有效发挥作用的经络。中介服务体系发达是衡量科技创新成功的重要标志。郑洛新国家自主创新示范区中小企业数量在全国位居前列，机制灵活、富有创新，但普遍存在技术基础设施薄弱、资金筹措困难等问题，对社会化的科技服务，比如技术咨询、风险投资等需求十分强烈。而现有的科技中介服务体系建设虽然取得了一定成绩，但总体上仍处于初步发展阶段，服务能力尚不能满足日益增长的服务需求。一是科技中介机构发展不平衡。受观念、科技水平、人才和市场经济发展程度等制约，在发展领域上，生产力促进中心、各类科技孵化器、技术市场发展较快，科技评估、创业投资服务等发展较慢。二是郑洛新国家自创区内有一些科技中介机构实力不强，缺乏竞争力。以郑州为例，当前现有的一些科技中介机构的规模普遍较小，有的甚至还处于刚刚起步阶段，也不可能会规范化发展，而且运行机制也不完善，中介机构的从业人员素质普遍偏低，中介服务质量和水平也参差不齐、竞争力不强。三是支撑当前科技中介机构良好发展的信息基础设施和公共服务也很薄弱，信息发展不对称，由于行业利益壁垒，中介机构之间联系不多，很难实现资源共享、信息互通。这样就会导致高等学校以及科研机构很多研究成果很难快速进入市场，大量研究成果被束之高阁，逐渐被市场淘汰。与之相对应的是，一些亟须解决部分技术难题的企业，却找不到合适的、有一定研发能力的合作伙伴。此外，郑州加强科技成果转移转化的风险防范机制、财政补偿机制、金融激励机制以及信用评估机制等方面发展比较滞后，大部分还处于前期酝酿阶段，资金拨付不到位、政策支持不足仍将是长期制约科技中介机构健康发展以及科技成果高效转化利用的最大短板。四是各类研发机构数量不足。从2016 年国家高新区各类研发机构的分布情况来看，江苏省达到 3427家，占比 17.5%；广东省达到 2317 家，占比 11.8%；北京市达到 1477家，占比 7.5%；河南省 1090 家，占比 5.6%，排在全国第 6 位（见表6 - 6）。特别是在新型研发机构发育方面，与发达地区存在一定差距。新型研发机构是整合多方资源组建而成的，是"不完全像大学、不完全像科研院所、不完全像企业、不完全像事业单位"的"四不像"单位，在组织上进行了重大创新。"四不像"的新型研发机构发源于广东，以深圳高新区、广州高新区、东莞高新区为代表逐步向全国高新区扩展，典型的机构有深圳清华大学研究院、光启研究院、广州达安基因、中国科学院西安光机所、中国科学院北京纳米能源与系统研究所、北京协同创新研究院、北京大数据研究院、北京石墨烯技术研究院等，这些新型研发机构的快速发展预示了我国科研机构改革发展的一个重要方向，为破解我国科研与市场对接"两张皮"问题提供了宝贵路径。

表 6 - 6 2016 年国家高新区各类研发机构分布情况

单位：家，%

省 （区、市）	各类研发 机构数量	全国占比	省 （区、市）	各类研发 机构数量	全国占比
北京	1477	7.5	重庆	292	1.5
山东	1243	6.3	天津	277	1.4

省 （区、市）	各类研发 机构数量	全国占比	省 （区、市）	各类研发 机构数量	全国占比
湖南	1191	6.1	河北	266	1.4
河南	1090	5.6	黑龙江	244	1.2
湖北	1036	5.3	贵州	200	1.0
浙江	1029	5.2	甘肃	193	1.0
上海	814	4.1	新疆	123	0.4
陕西	782	4.0	云南	120	0.6
辽宁	619	3.2	山西	69	0.4
四川	548	2.8	内蒙古	63	0.3
安徽	548	2.8	宁夏	38	0.2
福建	491	2.5	青海	35	0.2
广西	427	2.2	海南	25	0.1
江苏	3427	17.5	吉林	355	1.8
广东	2317	11.8	江西	297	1.5

资料来源：《2017 年国家高新区发展报告》。

（三）激励创新的发展动力不足

国家自主创新示范区依托实力较强的国家高新区建设，作为推进自主创新和高技术产业发展方面先行先试的区域，具有相关政策先行先试的特点。因此，自创区的本质是政策区，政策探求和打破是其本质特征，核心是探求政策创新和推进政策先行先试，对于自主创新示范区来讲，体制机制创新与技术创新同等重要甚至更加重要。良好的体制机制是企业创新的活力之源、科技事业发展的动力之魂，是创新驱动发展战略的"加速器"。国家自创区已经成为有关部门对相关政策进行先行先试的有效载体，通过营造开放宽松的政策环境，将政策优势逐步扩散到全国其他地区。国家自创区率先在科技成果处置收益、创新创业税收优惠、科技金融、科学型企业和人才等方面进行了政策创新。其中，中关村作为中国最早批复的国家自主创新示范区，其政策内容突出表现为国家、北京市层面资源争取和体制机制的先行先试，政策创新大，引领作用强。其率先探求的"6+4"政策，逐渐在其他示范区及全国推行。武汉东湖则通过"黄金十条"，在科学成果转化、科学金融政策等方面突破性较大。中关村试行了地方级事业单位科技成果处置权试点。随着中国新的《促进科技成果转化法》的实施，科技成果全部由单位自主决定转化，收益留归单位。科技人员奖励按照"商定优先"的原则，且奖励额度不低于收益的50%，科技成果处置、收益权改革已全面推进。在天使投资方面，中关村政策创新主要集中在天使投资机构资金奖励、风险补助环节。例如，中关村按照15%单笔不超过45万元给予补偿。上海则按照不同标准给予30%~60%的风险补偿。郑洛新国家自主创新示范区在这些方面仍存在创新创业服务载体内生动力不足、自主创新体制不顺、机制不活等问题，实施创新驱动发展战略受到严重制约。以郑州高新区为例，2016年创投机构对企业的风险投资额只有6.8亿元，苏州工业园区的投资额达到了81.35亿元，武汉东湖达到了28.81亿元，上海张江达到28.41亿元（见图6-8）。目前郑州市超过一半的孵化器是政府出资设立的，且是事业单位，运营经费和服务项目的获得都比较容易，发展和创新的动力严重不足，甚至有一些往

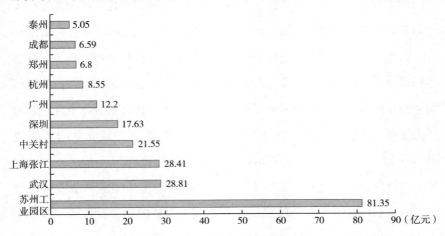

图6-8　2016年创投机构对企业的风险投资额超过5亿元的国家高新区
资料来源：《2017年国家高新区发展报告》。

往只是提供简单的场地服务和物业服务。部分众创空间等新型孵化器建设追求"高大上"，重硬件建设、轻软件保障，管理机制不够完善，载体使用效率亟待提高；盈利能力较弱，运营经费紧张，很难提供特色化服务和高层次科技服务，导致可持续发展能力弱。

（四）支撑创新的高层次人才缺乏

科学技术的竞争归根到底是人才的竞争。在提升国家自创区城市创新能力的过程中，人才，特别是具有较强创新能力的高层次领军人才和高技能人才是创新最重要的因素，只有培育和拥有一大批水平高、留得住、用得上的科技人才队伍，才能更有效地促进科技创新。据统计，2016 年企业留学归国人员和外籍常驻人员数超过 5000 的共有 10 家园区，分别为中关村、苏州工业园、上海张江、西安、无锡、合肥、深圳、武汉东湖、大连和天津高新区。其中，中关村园区拥有留学归国人员和外籍常驻人员 37350 人，占国家高新区整体的 19.4%，苏州工业园、上海张江占比均超过 9%，郑州占比不到 1%。并且，郑州市高层次人才只有 1.5 万人，仅占全市人才总量的 2.1%，而全国的高层次人才总数占到人才总量的 5.5%。广州、深圳已经超过 11%，郑州市的高层次人才比例明显低于全国平均水平，与沿海发达城市相比差距更大，高层次人才明显不足。以人工智能（AI）高端人才为例，近 70% 的制造业高端人才分布在北京、上海、广州、深圳等大城市，而分布在郑州的不足 1%。另外，人才结构性矛盾突出，分布也不均衡。在专业技术人员中，教师和医务人员占到 70% 以上，而与郑州市产业结构调整和经济发展关系密切的工程技术人员和农业科技人员仅占专业技术人员数量的 12.3% 和 1.5%，尤其城市建设急需的轨道建设、信息通信、计算机软件开发及应用、土地工程等高技能人才极度匮乏。

六 创新能力评估与比较结论分析

通过对前述国家自创区创新能力的评估与实证研究，可以得出以下主要结论。

一是国家自创区较其他区域在创新能力方面具有明显的优势和潜力。从对郑州、洛阳、新乡与河南其他地市在创新资源集聚、创新基础支撑、创新环境优化和创新国际合作等方面的指标评价结果来看，三市具有较为突出的创新资源优势、基础优势、环境优势和区位优势。其中，省会郑州以非常显著的优势在各指标排名中均居于前列；洛阳作为区域副中心城市，创新能力综合评价结果仅次于郑州；新乡的创新能力综合评价结果基本处于中上水平，相对而言有较大的提升空间和发展潜力。总体来看，郑洛新国家自创区作为肩负创新引领和先行示范使命的示范区，在创新能力各个方面都具有明显优势和发展潜力，示范引领效应明显。

二是国家自创区正处于优化创新能力的最佳红利期。从前述评估结果来看，郑洛新国家自创区自获得批复以来，迅速形成国家战略红利并带动郑州、洛阳、新乡的高新区快速提升创新实力，尤其是在启动建设前期阶段，大量创新资源、创新人才、高新产业、高新项目向自创区倾斜性汇聚，相对其他区域明显优越的政策红利和国家战略赋予的先行先试权限等改革红利，这些因素都有力带动了自创区创新能力的快速优化，进而为提升其创新实力和竞争力提供了良好的生态环境。

三是多核心区协同发展型国家自创区面临着较为突出的联动机制不优、整体效能不强等现实问题。从 2009 年北京中关村国家自创区获批以来，从最初的单个核心区型自创区，到长株潭、珠三角、郑洛新、福厦泉等多核心区型国家自创区，跨行政区划多核心区型自创区数量不断增多，对区域创新发展的引领带动作用也不断增强。但是同时，各核心区之间如何形成高效联动机制，进而互促并进实现高质量发展也成为突出的现实问题。从前述评价结果可以发现，郑洛新国家自主创新示范区建设还没有形成有效的联动机制。三市之间内部差异明显，如何突破行政区域的边界束缚实现三市在创新投入、基础建设、人才培养、开放合作等方面的资源要素自由流动、相互衔接，统筹协调三市创新能力的梯度差异，充分发挥区域创新体系的整体效能，是当前郑洛新国家自主创新示范区建设亟待解决的现实问题，也是一个非常具有代表性的问题。

第七章

国家自主创新示范区比较研究的结论与启示

在前述对国家自创区从发展策略、创新资源、创新机制、创新政策以及创新能力等多角度多方面进行比较分析的基础上，本章主要通过对各国家自创区建设发展比较分析总结的特色、趋势、优势、问题等进行梳理，得出国家自创区建设发展比较研究的共性特征、一般趋势、突出问题等主要结论，进而从国家自创区的动力机制、改革红利、发展动能、开放创新等方面总结自创区创新发展的一般经验，分析对推动国家自创区高质量建设发展的借鉴启示。

一　国家自创区比较研究的主要结论

（一）区域梯次差异明显，呈现出共性特征

通过对各国家自创区在发展策略、创新资源、创新机制、创新政策以及创新生态等不同方面的发展状况进行比较分析，笔者发现其一个突出的特征：我国自主创新示范区发展呈现出明显的区域分化与差异化，具体表现在以下几个方面。一是国家自创区的创新要素集聚度呈现出东部地区高于中西部地区，中西部地区高于东北地区的特征。造成国家自创区之间创

新要素集聚程度差异化的主要因素是国家自创区所在省市在产业基础、创新环境和城市软实力等方面对创新要素吸引力的差异，我国区域经济环境在东部地区、中西部地区和东北地区之间呈现明显的差异，因而各国家自创区之间的差异也呈现出这一区域分化特征。二是各国家自创区的创新生态、创新能力与自创区所在省市的区域经济活跃度密切相关。通过比较研究发现，以北京中关村、上海张江等为代表的处于开放前沿的国家自创区，由于其所处环境更具有开放特质和包容性，能够面向全球创新网络，吸纳凝聚全球创新资源并为其所用，其创新能力更强，相反处于开放后发地区的国家自创区，其创新资源吸纳能力和创新发展能力相对较弱。三是国家自创区的创新水平与其所在地的创新资源密切相关，通过比较发现，我国自创区的分布与我国高等院校、科研院所等创新主体的分布基本一致，同时在目前的 19 个国家自创区之间，也存在较为明显的创新主体分布不均衡的特征。就国家自创区未来发展而言，创新主体丰富的国家自创区发展后劲更强。就国家自创区所在地而言，国家自创区通过"虹吸效应"集聚所在省份其他地市的创新资源，有可能进一步加大创新能力的区域差异。但是同时也要看到，武汉东湖国家自创区、郑洛新国家自创区、合芜蚌国家自创区等中部地区国家自创区在成果产出、开放创新等方面的比较中，已经表现出了较高的发展水平和较好的发展态势，在某些指标的比较排名中已经处在前列，充分发挥区域特色优势实现后发赶超对中西部国家自创区而言可以有所作为。

（二）把握先行先试契机，释放改革红利

国家设立自主创新示范区的重要目的之一就是鼓励自创区在科技创新领域深化体制机制改革，在相关领域进行先行先试，积极探索，进而形成可复制、可推广的经验。当前，各国家自创区均紧紧抓住"先行先试"的契机，全面深化科技改革，集中释放改革红利。一是抓紧落实相关优惠政策。中关村"6 + 4"政策作为深化科技体制改革的重要政策在各国家

自创区推广后，各国家自创区均结合自身特色，深入落实该政策，以释放改革红利促进区域创新。比如郑洛新国家自创区积极落实研发费用加计抵扣和高新技术企业减免税政策，企业创新积极性得到了进一步提高。二是积极结合自身实际，出台"先行先试"政策。各国家自创区按照前期顶层设计，积极探索，先行先试，探索出了各具特色的创新政策。比如苏南国家自创区，在体制机制方面积极创新，采用"一所两制"、合同科研、项目经理、股权激励等系列措施，在相关领域取得突破性成绩，推动了区域创新网络向专业化、社团化、国际化的方向发展。三是深化政府体制机制创新。比如成都自创区率先在四川省试点"三证合一"登记制度，开展"一窗式"行政审批改革，实行对外"一窗进出"，全程代办、同步审批，营造了良好的发展氛围。

（三）立足区域特色优势，探索发展路径

各国家自创区结合自身在发展基础、产业导向、战略定位、发展思路等顶层设计领域的特征，依托自身区域比较优势和创新资源禀赋，立足实际积极探索，形成各具特色的发展路径。一是突出区位优势特色。比如紧邻港澳的珠三角国家自创区，发挥其地处开放前沿的区位优势，依托粤港科技创新走廊、深港创新圈等科技开放合作载体，促进了创新资源的优势互补与合理流动。二是突出科技资源特色。西安高新区内国防科技资源丰富，西安自创区充分发挥这一优势，探索了以军民融合发展为特色的自创区发展之路。三是突出政策高地特色。天津国家自创区积极探索自主创新示范区和自由贸易园区联动发展，初步形成"双自联动"政策框架，实现了体制机制改革的协同攻关，目前正在探索"区内注册、区外运营"模式，支持企业在自贸区注册、享受其政策，在自创区运营、享受其服务。四是突出全局工作特色。例如杭州实施创新创业载体建设、人才集聚、服务提升等六大工程，把国家自主创新示范区建设与国家创新型城市、国家小微企业创新创业示范城市、国家科技金融结合试点城市、国家

知识产权强市等工作结合起来，形成了杭州创新工作一盘棋。

（四）整合创新要素资源，推动创新融合

近年来，国家自主创新示范区积极整合创新要素，推进区域创新一体化发展。一是推进创新功能集聚。例如郑洛新国家自创区，依托区域优势产业基础，集聚创新资源，近年来相继引进了一批创新型人才团队，培育了一批创新引领型企业，整体促进了郑洛新国家自创区创新能力的提升，并辐射带动自创区所在城市的创新驱动发展能力提升。二是整体联动统筹发展。例如苏南国家自创区通过整合区域重大科技基础设施，统筹区域内重大科技平台建设；通过构建分工协作的产业链条，统筹区域产业协同发展；通过构建"五城九区多园"的空间布局，统筹区域创新一体化发展。三是深入开展区域合作。上海张江国家自创区联合武汉东湖、重庆两江、南京高新区、合肥高新区发起成立了长江流域园区合作联盟，构建园区协同发展平台，加速技术、资本、人才等的溢出，进一步发挥辐射作用，推动区域协同创新迈上了新台阶。四是积极融入区域发展战略。天津国家自创区紧抓京津冀协同发展战略机遇，通过深化与中关村的深度合作，探索区域创新联动机制，积极推进创新资源相互流动，实现协同共赢。

（五）构建开放创新体系，促进开放发展

新一轮科技革命和产业变革呼之欲出，创新要素在全球范围内的流动空前活跃，开放创新已经成为国际科技创新发展的重要模式，因此各国家自创区也以实现与国内外高端创新资源对接合作为主线，以健全开放式创新体系为目标，以举办开放创新产业技术对接系列活动为抓手，推动形成了"全方位、多层次、广领域、高水平"的科技开放合作新局面。一是拓展创新合作网络。例如郑洛新国家自创区围绕经济社会发展重大科技需求，与清华大学等49家国内外知名高校院所及企业签署了战略合作协议，与美国、英国等50多个国家和地区建立了合作关系，通过强化与国内外

发达地区、知名高校、科研院所及龙头企业的合作，形成了创新合作新格局。二是举办会议促开放。中关村国家自创区通过举办国际科技园区协会2015年世界大会，吸引了26个国际合作项目落户中关村。在2017年郑洛新国家自创区开放合作北京推介会上，河南省政府分别与清华大学、北京航空航天大学、中国电子科技集团等单位签署了10项战略合作协议，现场签约31个项目，签约金额达到1420亿元。三是"引进来"促开放。比如郑洛新国家自创区围绕现代农业、生物医药、先进装备制造等重点领域，依托郑州大学等高校院所及科技企业，积极展开国际科技合作，建成"动物免疫学国家国际联合研究中心"等17家国家级国际科技合作平台及"河南省电子材料与系统国际联合实验室"等164家省级国际科技合作平台，在促进国际科技合作方面发挥了引领示范作用。

（六）持续发展空间受限，形成现实瓶颈

通过比较研究发展，高新区发展空间不足是国内普遍存在的现象，解决方法也十分有限，特别是当前，国家永久基本农田调整划定工作已经结束，省内跨区域调整的窗口期已过，破解这一难题非常困难。鉴于此，通过增量调整的方法来破解这一瓶颈难度较大，应更多考虑从存量优化的视角切入，采取各种措施提高现有土地资源的布局水平、利用效率和产出强度。一是加强资源统筹，推进园区资源整合。充分利用城市总体规划修编等机遇，结合自创区建设发展需求，统筹利用土地资源，对零散用地进行统筹整合，优化园区总体布局，全力支持核心区创新发展。二是突出特色高效，提高土地资源利用效率。结合自创区发展特色、目标导向和产业基础，因地制宜发展特色产业以及专业园区，发挥区内现有重点产业、骨干企业的带动作用，引导相关产业向园区集中、集聚、集群发展，优化园区土地资源配置，提高单位土地产出，通过形成布局优化、产业集聚、特色明显、错位发展的产业园区来尽可能盘活现有土地资源，提高土地持续利用能力和水平。

二　国家自创区建设发展的借鉴启示

（一）科学谋划顶层设计是国家自创区高质量发展的前提条件

从国家自主创新示范区建设发展比较分析情况看，科学部署、积极主动做好顶层设计，将顶层设计作为国家自创区建设的起步关键点，高起点高标准统筹谋划推进自创区发展是国家自创区高质量发展的前提条件。一是强化组织领导，健全协调推进机制。各国家自创区在建设过程中普遍重视组织领导的作用，通过采取成立建设领导小组、强化思想认识、形成自创区工作推进机制，完善目标责任制等措施，围绕自创区建设的重点工作和核心领域，强化组织领导，取得了良好的工作成效。比如郑州高新区和洛阳高新区政府在自创区建设工作推进中积极主动，重视自创区的硬件和软件设施建设，对发展前景较好的初创企业给予前期资金投入，对入驻企业加强宏观指导和政策激励，充分体现了"小政府、大服务"理念。二是突出规划引领，明确目标任务。各国家自创区十分重视顶层设计，按照相关要求，坚持问题导向准确把握工作着力点，明确总体思路、战略定位、发展目标、基本原则、主要任务、政策举措、重点工程和保障措施，提出拟滚动实施的重大项目，科学编制建设工作方案，从全局层面综合协调，全面指导国家自创区建设。三是注重法制保障，确保顺利实施。各国家自创区充分发挥地方立法的引领和推动作用，为国家自创区改革创新、先行先试提供有力的法律支撑和法制保障。比如北京中关村、武汉东湖、深圳等均出台了《中关村国家自主创新示范区条例》《东湖国家自主创新示范区条例》等条例，确保国家自创区建设顺利开展。

（二）优良的发展环境是国家自创区高质量发展的重要基础

我国各自主创新示范区自建立以来，一般具备相对良好的发展环境，这也为国家自创区的建设发展奠定了良好的基础。一是经济地理环境。国家自主创新示范区通常位于较为发达或是区域地位重要的省市，其中包括许多省会城市或经济活跃城市，大多具有相对优越的区位环境，以便捷的交通条件和丰富的自然资源为依托，拥有强大的经济辐射力，战略区位优势突出。二是金融环境。国家自创区通常也是区域金融活动的密集区，创新型产业和创新型企业的高成长性、高附加值等特征吸引了金融资本的集聚。同时，区内设立相对丰富、完善的银行、基金公司、信贷组织和风险投资机构，为区域持续发展提供优良的金融发展环境和支撑。三是市场环境。中国的市场规模是吸引全球跨国公司投资的关键因素，而跨国公司在中国的投资区域选择过程中，首先要考虑当地的政策条件和发展环境。国家自创区作为国内经济发展的试点区域，在政策优惠程度和服务水平上，都有着许多独特的优势，这些都为国家自创区建设发展提供了具有竞争优势的环境条件。四是产业基础环境。国家自主创新示范区已逐步形成以高新技术为主导，以传统企业和服务业为支撑的特色产业集群，而且一些行业已处于国内领先水平，具有较强的综合竞争力，为今后高新产业的集聚发展创造了良好的基础条件。

（三）体制机制创新是国家自创区高质量发展的改革红利

国家自创区引领创新发展的生命力就在于体制机制创新。根据国家自创区管理体制模式，大致可以分为中关村"管委会—政府合作型"管理体制模式、张江"管委会主导型"管理体制模式和武汉东湖"管委会自主型"管理体制模式。其中以放权和搞活为改革主旨的东湖"管委会自主型"管理模式，由于全面落实了市级经济管理权限，实行了全员聘用制、绩效考核制、薪酬激励制，形成了充满活力的体制机制而被各地推崇。借鉴国家级开发区管理体制建设成果，结合国家自创区管理体制未来创新取向，建议梳理总结"管委会自主型"管理模式的可复制可推广经验，加快推动各国家自创区深化体制机制改革创新。比如郑洛新国家自主创新示范区在借鉴东湖以及济南高新区经验的基础上，结合新乡高新区改革做法和实际情况，加快开展自创区管理体制和人事薪酬制度改革，明晰下放权限清单，切实落实赋予自创区核心区的省辖市级经济管理权限和相关行政管理权限；着力推行"全员聘任制、绩效考核制、薪酬激励制"，建立"身份封存、岗位管理、全员聘任、考核激励、干部能上能下、人员能进能出、待遇能高能低"的选人用人机制，全面激发干事创业的积极性、主动性。

（四）集聚创新人才是国家自创区高质量发展的根本保障

基于对我国自创区创新发展现状的比较分析，我们可以发现在技术、资本、人才等创新要素中，高质量的人才要素供给是驱动国家自创区高质量发展的根本保障，也是各国家自创区提升综合实力和竞争力的根本保障。以北京中关村、上海张江、武汉东湖等国家自创区为代表的知识密集型自创区，一方面得益于其所在省市高等院校众多，可供给充足的高质量人才；另一方面得益于其地处东部发达城市，吸引集聚了大量国内一流人才，形成了高端人才团队，进而带动形成知识密集型产业集群，推动国家自创区创新发展。与此密切相关的是，近年来，武汉、长沙、西安、成都、郑州等国家自创区所在城市积极出台引培人才的相关政策措施，在全国范围内形成了"抢人大战"的人才要素竞争态势，该现象从一个侧面表明，未来国家自创区的创新发展从根本上来说是基于优质高质量人才供给的发展，谁抓住了人才资源加速流动的历史性机遇，谁未来就会有更加可期的发展前景。

（五）打造创新平台载体是国家自创区高质量发展的主要抓手

各类平台载体是创新驱动发展的基础要求，也是国家自创区承接各类双创资源，集聚创新创业要素的主要平台。从对各国家自创区的比较分析来看，大多数国家自创区依托核心区域建设了一批具有公共服务、产学研协同、人才培养、成果转化等多功能的创新创业综合体，为科技成果转移转化和初创期小微企业提供了良好的发展空间。国家自创区依托高校科研院所建设了一批众创空间、星创天地、大学科技园等，为广大师生、科技人员创新创业提供一站式服务。国家自创区内各类创新型企业建设了一批线上线下相结合的资源共享平台、实验与验证平台、综合服务平台、成果孵化平台等，开放式创新创业载体体系初显成效。总体而言，我国各自创区在创新发展过程中，结合自身特点，将创新创业平台载体建设工作作为推动国家自创区建设的重要抓手，以平台建设，促创新发展，取得了良好的成效。各国家自创区在后续发展过程中，应加大技术创新平台、创业孵化平台、综合服务平台、人才培养平台、知识产权交易平台等载体建设力度，促进双创平台载体提质增效，为国家自创区高质量发展提供坚实的平台支撑。

（六）优化创新创业生态是国家自创区高质量发展的活力源泉

大众创业、万众创新是国家自创区强化创新驱动、推进产业转型升级的重要支点，优化创新创业生态则可有效激发国家自创区高质量发展的动力活力。特别是在我国经济进入新常态背景下，通过"双创"促进创新驱动发展已成为国家自创区建设的重要抓手。目前，各国家自创区均将集聚创新要素、优化创新生态作为国家自创区建设的重要内容，实现创业服务专业化、运营模式市场化。一是在人才要素方面，将招商引资和招才引智相结合，以项目为纽带，依托高水平创新平台，吸引各类创新人才和团队聚集。比如苏南国家自创区建立了"好创网"平台，成立了2500人的创业导师团队。二是在引进双创服务企业方面，大力引进金融服务机构和研究开发、技术转移、检验检测认证、知识产权、科技咨询等专业科技服务机构。比如成都国家自创区不断深化投融资改革，形成了天使投资、创业投资、专业化私募基金、产业投资股权融资产品链，集聚了近400家股权投资机构，管理资金规模超过750亿元，有力支撑了区域双创发展。三是在创新要素集聚方式上，通过骨干企业联合高校、科研院所、上下游企业等组建产业技术联盟，建立技术转移机构、重大科技成果中试熟化基地、科技成果产业化基地等方式，大力推进双创开放合作，广泛集聚创新要素。比如张江国家自创区搭建了实施产权服务平台、企业专利联盟建设试点、科技金融服务平台等，为创新创业活动提供良好服务。

（七）开放式创新是后发地区补齐创新短板的有效途径

通过比较分析发现，尽管国家自主创新示范区作为区域创新驱动发展的龙头，具备从战略角度谋划和配置创新资源的能力，但目前的19家国家自创区之间存在明显的发展不平衡问题，例如郑洛新国家自创区、沈大国家自创区等中西部地区和东北地区的国家自创区，由于创新资源相对不足，发展相对滞后，还存在着创新"意识不强、投入不够、人才不足、机制不优、主体不活"等问题，特别是与上海张江、武汉东湖等国家自创区相比，中西部国家自创区在开放式创新方面短板突出。具体表现在思想意识上，仍存在开放式创新"开不开""放不开"等问题；在具体成效上，仍存在"针对性低、效益不高、沉不下去"等问题。未来创新资源匮乏地区的自主创新，应加快开放式创新步伐，以全球化的视野、国际化的站位、开放化的心态，充分发挥科技合作的先导作用，坚持"引出并行"，强调"不求所有但求所用"，以实现与国内外高端创新资源对接合作为主线，积极主动融入全球创新网络。通过扩大开放，强化科技对外合作，形成"全方位、多层次、广领域、高水平"的科技合作局面，加快促进科技创新资源集聚，探索科技资源相对匮乏地区实现创新跨越发展的新模式。

第八章
郑洛新国家自创区建设发展现状分析

在前述各章对国家自创区建设发展比较分析、创新能力评估进而提出加快推动国家自创区建设发展的借鉴启示的基础上，本研究选取郑洛新国家自创区作为实证研究案例，深入剖析郑洛新国家自创区建设发展的形势背景以及现状成效，并为后续开展郑洛新国家自创区建设发展路径实证研究提供分析基础，通过综合性比较研究与典型性实证研究相结合，将前述研究成果运用到实践当中，切实为国家自创区建设发展提供决策建议与支撑。

建设郑洛新国家自主创新示范区，是国家着眼于实施创新驱动发展战略做出的重要决策。2016 年 5 月，郑洛新国家自主创新示范区正式揭牌，标志着河南迈上了以郑州、洛阳和新乡 3 个国家高新区为核心区全面实施创新驱动发展战略、举全省之力建设具有较强辐射能力和核心竞争力创新高地的征程。

一 郑洛新国家自创区的建设背景

国际金融危机以来，国际国内经济环境日益错综复杂，世界经济增长动能不足，我国经济发展进入新常态，经济转型步伐加快。河南经济发展开始进入转折变革、动能转换和结构调整的关键时期，处于全面建成小康社会和加快河南振兴中原崛起的决胜阶段。同时，河南还承担着实施国家粮食生产核心区、中原经济区、郑州航空港经济综合实验区、中国（河南）自由贸易试验区等国家战略规划的重任。但是河南传统产业占比大，产能过剩比较严重，战略性新兴产业占比小，经济下行压力大，发展动能不足的现实，都给河南在新时代推动高质量发展带来严峻的现实挑战。河南亟须强化自主创新这一第一动力，充分发挥科技资源配置的市场决定性作用和政府引导作用，激发创新主体活力，提升创新体系效能，加快推进自主创新和高技术产业发展，进而化解过剩产能，优化调整产业结构，加快产业转型升级，破解资源环境约束、推动可持续发展。因此，建设郑洛新国家自主创新示范区，对引领支撑河南创新发展、发挥优势打好"四张牌"，全力建设"四个强省"，打造"三大高地"，实现"三个提升"具有重大的现实意义，为谱写新时代中原更加出彩新篇章提供强大动能。

二　郑洛新国家自创区的总体布局

（一）空间布局

按照《郑洛新国家自主创新示范区建设实施方案》，郑洛新国家自创区呈现"三市三区多园"的空间架构。"三市"即以郑州、洛阳、新乡三市作为建设主体；"三区"即以郑州国家高新技术产业开发区、洛阳国家高新技术产业开发区、新乡国家高新技术产业开发区作为核心区，充分预留发展空间，发挥核心区的辐射带动作用；"多园"即在郑州、洛阳、新乡3市内规划建设一批园区，实现产业发展差异化、资源利用最优化和整体功能最大化。

郑州片区。以郑州国家高新技术产业开发区为核心区，辐射郑州航空港经济综合实验区、郑州经济技术开发区、金水、郑东新区四个区的重点园区，形成"一核四区"的协同发展空间格局。

郑州航空港经济综合实验区重点发展研发类产业，重点建设电子商务园、古城电子信息基地、航空物流园区、精密机械产业园、智能终端产业园、生物医药产业园等。郑州经济技术开发区重点建设智能汽车与电动汽车产业园、重大装备制造科技产业园、河南跨境电商智慧产业园、虚拟现实/增强现实科技产业园、机器人与智能制造科技产业园、智慧物流园等。金水区重点发展计算机教科产业，重点建设金水科教园区的河南外包产业园、郑州启迪科技园、郑州北大科技园、西亚斯亚美迪国际软件园等。郑东新区重点建设龙子湖新技术产业园、电子商务产业园等。

洛阳片区。以洛阳国家高新技术产业开发区（含吉利科技园）为核心区，以涧西区、洛龙高新技术产业开发区、伊滨产业集聚区、洛阳（西工）工业园区为辐射区，形成"一核四区"的协同发展空间格局。

洛阳国家高新技术开发区重点发展先进装备制造、机器人及智能制造、新材料、科技服务等产业。吉利科技园（核心区）以建设中西部地区最大的现代高端石油化工产业基地为目标，发展高端石油化工、精细化工、新材料、化纤纺织等产业领域。涧西区强化高端重型装备、轴承、工程机械等优势产业地位，做强现代服务业。洛龙高新区发展光伏光热光电等新能源、先进装备制造和电子信息产业，积极培育大数据、云计算、物联网等新兴产业领域。伊滨产业集聚区重点发展电子信息、先进装备制造、节能环保等产业领域。洛阳（西工）工业园区重点发展先进装备制造、电子商务等产业。

新乡片区。以新乡国家高新技术产业开发区为核心区，以平原示范区、国家化学与物理电源产业园、新东产业集聚区、新乡经济技术开发区为辐射区，形成"一区四园"协同发展空间格局。

新乡国家高新技术产业开发区提升发展生物与新医药、汽车零部件等产业的能力，重点发展大数据、新能源汽车、航空航天三大产业，积极培育科技服务业。平原示范区发展生物与新医药、电子信息、先进装备制造、现代农业科技、文化旅游等产业。国家化学与物理电源产业园发展新型电池与电动车、北斗导航服务、智慧产业等。新东产业集聚区大力发展光电信息、3D 打印产业。新乡经济技术开发区发展高端装备制造业、绿色纤维、信息通信。

（二）功能布局

在功能定位和空间布局方面，郑洛新国家自创区立足比较优势和发展基础，强化战略先导地位，突出"高"和"新"，充分发挥郑洛新国家自创区引领、辐射、带动作用，加快形成优势互补、错位发展、特色明显的产业格局，开创各有侧重、各具特色、协同发展的创新局面，全面提升区域创新体系整体效能。

郑州片区。以建设国家科技和金融结合试点城市为抓手，建立科技金融和科技服务试点示范区域，打造国内具有重要影响力的高端装备制造产业集群和新一代信息技术产业集群，打造高端和信息化的集群片区。

洛阳片区。以建设国家小微企业创业创新基地示范城市为抓手，建立新型研发机构和创新创业生态体系试点示范区域，打造国内具有重要影响力的智能装备研发生产基地和新材料创新基地。

新乡片区。争创国家创新型试点城市，重点开展新能源领域科技成果转移转化和产业组织方式创新方面的试点示范，打造新能源动力电池及材料创新中心和生物医药产业集群。

三　郑洛新国家自创区的发展现状

河南省委、省政府高度重视，举全省之力推进郑洛新国家自创区建设；郑州、洛阳、新乡市委、市政府强力推进，围绕建设具有国际竞争力的中原创新创业中心，以及开放创新先导区、技术转移集聚区、转型升级引领区、创新创业生态区的总体定位，加快培育创新引领型企业、人才、平台、机构，自创区发展取得了显著成效。

（一）组织工作机制逐步完善

国务院同意批复建设郑洛新国家自主创新示范区之后，郑洛新国家自创区加快构建完善组织领导体系，研究出台和编制了实施方案、若干意见以及发展规划，不断完善和强化政策支撑体系。

构建了组织领导体系。省级层面，成立了郑洛新国家自主创新示范区建设领导小组，领导小组下设办公室，办公室设在省科技厅，研究制定了领导小组主要职责和议事规则等相关工作制度，形成领导小组办公室牵头协调、相关部门配合联动的工作模式。市级层面，郑州、洛阳、新乡3市成立了以市长担任组长的推进机构，明确了具体抓工作的分管责任人。目前，省、市、区三级工作组织架构逐步搭建，议事、督导等工作机制逐步明确。

相关文件陆续出台落地。郑洛新自创区研究并出台了《郑洛新国家自主创新示范区建设实施方案》《关于深化郑洛新国家自主创新示范区重点领域科技体制改革实施方案》《郑州市国家自主创新示范区发展规划纲要（2016—2025）》《郑洛新国家自主创新示范区洛阳片区发展规划纲要（2018—2025）》《郑洛新国家自主创新示范区新乡片区发展规划纲要（2017—2025）》《关于郑洛新国家自主创新示范区核心区与省直部门建立直通车制度的实施意见》，以及《郑洛新国家自主创新示范区2017年度创新引领型企业专项行动计划》《郑洛新国家自主创新示范区2017年度创新引领型人才专项行动计划》《郑洛新国家自主创新示范区2017年度创新引领型平台专项行动计划》《郑洛新国家自主创新示范区2017年度创新引领型机构专项行动计划》等。

"1＋N"政策体系逐步完善。郑洛新自创区出台的《关于加快推进郑洛新国家自主创新示范区建设的若干意见》，从激发创新主体活力、推进开放式创新、集聚海内外人才资源、创新科技管理体制机制、优化创新创业环境等方面提出了具体政策30条。同时，抓紧制定相关配套政策措施。目前，省直有关部门制定出台了一批支持示范区建设的配套政策，郑州、洛阳、新乡三市也已制定出台支持自创区建设的政策意见，如省检察院《关于充分发挥检察职能保障和促进郑洛新国家自主创新示范区建设的意见》，省地税局《关于支持郑洛新国家自主创新示范区建设的意见》，省审计厅《保障和支持郑洛新国家自主创新示范区建设的意见》，省财政厅、省科技厅《河南省国家自主创新示范区建设专项资金管理暂行办法》《郑洛新国家自主创新示范区辐射区遴选认定办法》《郑洛新国家自主创新示范区考核评价暂行办法》。

（二）综合实力稳步提升

郑洛新国家自主创新示范区综合实力和地位稳步提升。郑州市获批为国家促进科技和金融结合试点城市，洛阳市获批为国家小微企业创业创新基地示范城市，新乡市获批为国家专利质押融资、专利保险试点城市。郑州、洛阳、新乡3个高新技术产业开发区在全国高新区排名中稳中有升，郑州、新乡高新技术产业开发区排名上升了4位，郑州高新技术产业开发区跃升至全国第12位。

2016年，郑洛新国家自创区实现总收入3780亿元，同比增长22.5%，其中技术收入451.42亿元，比2015年增长了近1倍；工业总产值3276亿元，同比增长21.8%，实现净利润218亿元，同比增长24.57%；经济规模和创新资源与创新成果分别占到了全省总量的1/3和1/2。高新技术产业增加值和技术合同交易额占全省的比重分别超过30%和90%，引领带动河南高新技术产业增加值同比增长14.1%，高于同期规模以上工业增加值增速6个百分点。2017年，郑州、洛阳、新乡三市技术合同交易额达到67.4亿元，占全省90%；高新技术产业增加值占规模以上工业增加值比重41.3%，高于全省6.3个百分点。

（三）"四个引领"工作扎实推进

河南举全省之力推进郑洛新国家自创区建设，加快推进创新引领型企业、人才、平台、机构"四个引领"工作，创新引领型高地建设实现重要突破，创新能力实现跨越式提升。

各类创新主体不断壮大。郑洛新国家自创区立足产业和企业发展现状，加快培育创新龙头企业、高新技术企业，实施"科技小巨人"企业培育工程，大力发展科技型中小企业，加大高新技术企业认定工作，推动科技型中小企业加速成长为高新技术企业，通过抓大、培高、扶小，逐步形成"龙头企业顶天立地、中小企业铺天盖地"的创新局面。2016 年，新培育创新型龙头企业、科技小巨人（培育）企业、科技型中小企业分别达到 18 家、227 家和 500 家，分别占全省的 60%、64% 和 70%。新培育高新技术企业 250 家，同比增长 42%，高新技术企业超过 1000 家，占全省的 54.5%；科技型中小企业总数近 9000 家，超过全省的 50%；上市公司占比达到 45%、新三板挂牌企业占 76%。2017 年，新增创新龙头企业 34 家、高新技术企业 363 家、省科技型中小企业 1329 家，形成创新企业发展新格局。目前，河南已累计培育"科技小巨人（培育）企业"356 家，其中自创区 207 家。

高层次人才引进取得新突破。郑洛新国家自创区坚持更加积极、更加开放、更加有效的人才培养引进战略，积极创新人才引进培养模式，不断加大高、精、尖领军人才和团队的建设力度，实施创新引领型人才专项行动计划，加快高层次科技领军人才的有效集聚，筑牢构建创新引领型高地的人才基础。郑州出台了《关于实施"智汇郑州"人才工程加快推进国家中心城市建设的意见》，提出人才引进和培育计划 7 项，人才引进保障措施 19 条等。洛阳出台了《关于深化人才发展体制机制改革打造中西部地区人才高地的实施方案》，即"人才新政 30 条"，实施人才优先发展战略，针对不同类型人才和创新主体，实施顶尖人才"引领工程"、产业人才"集聚工程"、创新主体"引智工程"和创新平台"聚才工程"四项工程。新乡出台了《深化人才发展体制机制改革加快推进牧野人才计划的实施意见》《新乡"牧野英才""名校英才""牧野工匠"3 个三年行动计划》，通过"1+3"行动计划全力打造牧野人才集聚高地。

2017年，郑洛新国家自创区新设立院士工作站22家，引进院士25人及科研人员180人，计划开展合作项目65项。目前，郑州、洛阳、新乡三市已经集聚河南80%以上的高层次创新人才，先后引进海内外创新创业团队300个、国家"千人计划""万人计划"专家52人，两院院士24人。郑州大学成功引进诺贝尔医学奖获得者巴里·马歇尔教授。此外，郑州、洛阳、新乡三市持续改善城市发展环境，尤其是城市的教育科研氛围，为人才的引进、科研、生活、成果转化提供了良好的外部环境和制度环境。

创新平台建设快速发展。郑洛新国家自创区大力加强自主创新体系建设，国家重点实验室、国家工程技术研究中心和省级重点实验室等创新平台得到快速发展。依托郑州大学申报建设的省部共建食管癌防治国家重点实验室，已经列入科技部省部共建国家重点实验室年度建设计划。目前，河南14个国家重点实验室设在郑洛新国家自创区的有11个，10个国家工程技术研究中心设在郑洛新国家自创区的有8个，184个省级重点实验室设在郑洛新国家自创区的有137个。以国家重点实验室、工程技术研究中心为龙头的创新平台，已经逐步成为郑洛新国家自创区产业技术创新的核心引擎。

新型研发机构模式探索不断推进。郑洛新国家自创区通过省部会商、院地合作、联合共建等多种形式，积极培育引进一批重大创新型研发机构。2016年，引进共建了清华大学启源先进光源产业技术研究院、浙江大学河南技术转移中心等新型研发机构和技术转移机构12家。2017年，培育引进郑州信大先进技术研究院、洛阳中科信息产业研究院、河南电池研究院有限公司等大新型研发机构10家、其他新型研发机构22家。目前，河南已有新型研发机构40余家，半数以上落地郑洛新国家自创区。郑州信大先进技术研究院、清华大学天津高端装备研究院洛阳先进制造产业研发基地、新乡市电池研究院等为服务当地产业创新发展、破解关键技术瓶颈起到了有力的支撑作用。

（四）发展服务保障不断强化

郑洛新国家自创区按照"政府引导、市场主导"的总体思路，创新体制机制，充分释放改革红利，加快形成了有利于国家自创区健康发展的服务保障体系。

推动科技与金融紧密结合。创新财政科技投入方式，推进科技金融加大先行先试力度，采取"直接变间接、无偿变有偿、资金变基金"的方式，发起设立了首期规模 3 亿元、总规模 13 亿元的成果转化引导基金和创新创业发展基金，积极发挥财政资金杠杆作用，带动金融资本、民间资本、地方政府和其他投资者共同支持创新创业。同时加大"科技贷"投放力度，重点支持一批科技型企业创新发展，省市科技信贷业务规模已达到 10.9 亿元，引导合作银行对科技型中小企业贷款 662.81 亿元，省科技厅与工行、建行、中行、中信、中原、郑州等 6 家银行签署科技金融战略合作协议，计划 3 年内累计向科技型中小企业提供 1720 亿元的授信支持，其中"科技贷"业务授信支持为 170 亿元，采取科技信贷损失补偿等方式，引导银行和担保机构加大对科技企业的信贷支持力度，有效缓解了科技型企业融资难、融资贵的问题。

设立自创区建设专项资金。省财政不断优化支出结构，加大对自创区建设的资金投入，积极支持培育壮大主导产业、建设重大创新平台、集聚高端创新创业人才。2016 年，省市共投入总额专项资金近 10 亿元，其中省财政设立示范区建设专项资金 3 亿元，郑州、洛阳、新乡三市也分别设立了专项配套资金。专项资金在支持培育主导产业和创新主体、建设重大创新平台、集聚高端创新人才等方面发挥了越来越重要的作用。

（五）对外开放合作成果显著

开放与创新互促并进成为郑洛新国家自创区建设发展以来的特色举措，并取得了亮眼的成绩，经过几年来的全面推进，开放创新为郑洛新国家自创区提升竞争力和吸引力奠定了良好基础。2016 年，郑州、洛阳、新乡三市积极筹备开展"北上南下、合作共赢"活动，与北京市科委签署了战略合作协议，与浙江大学共同举办了技术转移对接活动，与中关村自主创新示范区管委会、中国科学技术发展战略研究院等建立了密切合作关系。同时企业也加强对外合作，如好想你公司牵头与中国农业大学、郑州轻工业学院、河南省食品研究所、河南省农科院、河南国德标检测技术有限公司等 11 家科研院所及企业共同建立了河南省果蔬健康食品产业技术创新战略联盟，依托联盟构建了产业利益共同体，带动枣产业相关产值超过 10 亿元，好想你公司的产值 2017 年超过 40 亿元，实现了三年翻两番。

第九章
郑洛新国家自创区建设重点难点分析

本章主要基于前文章节对国家自创区从不同视角不同层面的比较分析，以及国家自创区创新能力综合评估的实证分析，在梳理总结国家自创区建设发展的借鉴与启示的基础上，以郑洛新国家自创区为实证分析典型案例，立足对郑洛新国家自创区的问题与挑战的剖析，充分利用前述比较分析和借鉴启示，对加快推动郑洛新国家自创区高质量建设发展的重点难点展开实证研究。

一 郑洛新国家自创区建设面临的问题挑战

郑洛新国家自创区作为带动全省创新发展的核心载体和龙头引领，启动建设以来得到了快速发展，在提高自主创新能力、深化科技体制改革、优化创新环境等方面取得了重大进展，但是同时也面临着创新资源品质不高、创新主体实力不强、创新人才不足、创新机制不活、内部发展不平衡等突出问题。同时，周边区域也都在大力推动创新发展，吸引培育创新型人才、企业等成为各地共同努力的重点，国外企业及发达省市企业凭借其在技术和资金以及较完善创新体系上的优势，在市场上占得先机，导致市场的竞争日趋激烈，郑洛新国家自创区面临区域竞争压力不断加大。在这种背景下，对于原本处于发展中、竞争力相对薄弱的郑洛新国家自创区来说，要通过自主创新来提高竞争力，将面临更加严峻的挑战和风险。

（一）创新资源的品质仍然不高

郑洛新国家自创区内涌现出了一批高新技术企业和产业集群，但与国内外先进高科技园区相比，这些企业和产业集群研发投入规模较小，发明专利数量较少，特别是缺少 PCT 专利。与国内一流自创区相比，郑洛新国家自创区技术创新能力和产业集聚能力还不够强，拥有自主知识产权的技术相对较少，科研工作的效率有待提升，还没有形成完善的创新体系，资源配置不均衡。

出现这一问题的主要原因是郑洛新国家自创区总体研发投入较低，科研投入和研发存在明显短板。2016 年，自创区研发支出 490 亿元，仅占全国 15500 亿元的 3.2%；研发支出占全省 GDP 的比重为 1.2%，低于全国的 2.1%；研发人员总量为 25 万人；申请专利 9.47 万件，占全国 346.5 万件的 2.73%；授权专利 4.9 万件，占全国 175.4 万件的 2.8%。郑州、洛阳和新乡高新技术产业开发区的科技活动人员、研发人员、研发人员全时当量、科技活动经费内部支出、研发经费内部支出等指标与中部地区其他城市的高新技术产业开发区相比存在较大差距。此外，郑洛新国家自创区风险资本市场体系薄弱。目前，北京、深圳和上海 3 市的国内风险资本投资约占全国年度总额的 80%，郑洛新国家自创区内几乎无外资风险资本投资，国内著名的风险投资机构投资很少。

（二）创新主体的实力仍然不强

郑洛新国家自创区创新主体的规模不大、实力不强，存在龙头企业数量偏少、龙头带动作用不强、创新企业规模偏小、创新能力偏弱且高新技术企业比重低等突出问题。在郑洛新国家自创区核心区营业收入超过 50 亿元的高新技术企业仅有 2 家，只占郑洛新国家自创区核心区高新技术企业总量的 0.5%，郑州、洛阳、新乡三市营业收入超过 50 亿元的高新技术企业仅有 11 家，只占郑洛新三市高新技术企业总量的 1.2%，高新技术企业占入统企业的比重仅为 21.45%，远落后于其他国家自主创新示范区。目前，区内还没形成产业生态圈，离打造中西部地区创新高地的目标还有较大距离。

（三）创新人才的量质有待提升

创新人才数量不足。郑洛新国家自创区 R&D 人员数量、R&D 人员占从业人员的比重、R&D 人员全时当量、R&D 经费内部支出、R&D 经费内部支出占营业收入的比重等 5 项统计指标均列中部地区末位。高端人才供给匮乏。河南省内国家级及央企所属基础科学研究机构和高水平大学数量相对较少，导致区域基础科学研究的学科领域少，学科交叉研究创新受到很大限制，技术发明及产业化缺少应有的基础科学研究支撑，使高端科研及技术人才的培养、吸引、使用受到极大限制，导致区域高端人才供给不足。

人才培养观念比较落后。郑洛新国家自创区对于人才培养重视度不足，河南作为传统的农业大省，对于科技人才尤其是高端人才培养观念比较落后，没有形成成熟的人才集聚模式和体系化人才引进政策。在高层次人才引进的过程中，人们一直在强调地区的政策、资金等条件的支持，往往忽略了对人才真正具有吸引力的是地区的技术适用度、发展前景和个人发展空间，从而影响郑洛新国家自创区的高端人才的快速集聚。

（四）创新机制的运作仍然不活

一是郑洛新国家自创区的制度环境和文化环境对人才没有充分的吸引力。郑洛新国家自创区在薪酬水平、工资总额、项目报批、新设企业等方面受到限制，创新受到一定束缚。二是科技与产业融合不够紧密。科技资源禀赋与产业基础条件结合力度不够，政产学研通道不畅，技术供需双方信息不对称。在产业转移、产业集群、产业融合的路径中依靠技术创新来带动产业更迭和产业演进的引擎作用发挥不够。三是科技与金融结合不够深入。多层次资本市场体系建设尚不健全，受惠企业面窄，科技金融产品的创新不够，企业融资主要依靠银行贷款，利用资本市场直接融资的意识和能力还不够强。四是协同创新力度不足。区内一些科研院所具有较强的科研实力，但缺乏转化的条件，导致先进科研技术成果无法转化和运用。一些企业虽然也具有较强的经济实力，但由于研发投入大、风险高、周期长，不愿意投入大量资金进行研发，造成掌握技术的科研院所和急需技术的企业各自为营，阻碍了知识流动和成果转化。科研院所、企业作为协同创新的主体，资源无法实现共享和互补，不能产生更大的综合效益。此外，不同高新区的协同效能较低，政府、企业及科研机构等主体之间的协同状况也不够好，尚未形成明显的整合效应。

（五）片区之间发展不平衡

郑洛新国家自创区3个片区创新发展水平差别比较明显，郑州高新区实力和水平明显高于洛阳高新区和新乡高新区。郑州高新区高新技术产业增加值是洛阳高新区的4倍多、新乡高新区的近3倍，占规模以上工业企业增加值的比重明显高于洛阳高新区和新乡高新区。郑州高新区高新技术企业数量、研发平台、创新创业孵化器、专利授权量等指标均大幅领先于洛阳高新区和新乡高新区。此外，郑州、洛阳和新乡之间存在非理性竞争。在当前GDP考核还未完全弱化、区域创新能力考核占比较低的情况下，各个片区为了地方利益和部门利益竞相争夺机关资源，导致内部发展不平衡加剧。

二 郑洛新国家自创区的建设重点分析

河南省委省政府印发的《关于贯彻落实〈国家创新驱动发展战略纲要〉的实施意见》和《关于加快推进郑洛新国家自主创新示范区建设的若干意见》，为推动郑洛新国家自主创新示范区建设释放出强大的政策红利。这是河南省为加快建设郑洛新国家自主创新示范区迈出的实质性一步。在未来，郑洛新国家自主创新示范区必将成为河南省改革创新的重要平台、产业升级的撬动点、创新创业的示范区，必将成为加快构建富有活力的区域创新体系的重要载体和有效手段，有助于形成新优势、新模式、新机制、新格局，抢占未来发展的制高点。

借鉴前述对国家自创区比较分析结果和经验启示，结合郑洛新国家自创区现状特色和面临的主要问题，推进郑洛新国家自创区高质量发展应以自主创新能力提升为根本导向，以体制机制改革和创新为突破口，以开放创新生态优化为着力点，以科技金融融合发展为关键支撑，以梯次建设联动发展为推进策略，聚焦重点、把握关键、精准发力，全面推进郑洛新国家自创区建设。

（一）以自主创新能力提升为根本导向

积极培育壮大创新主体。建立差异化服务的科技企业培育体系，分层次、分类别培育创新龙头企业、高新技术企业、科技型小巨人企业，打造梯度结构合理的创新型企业集群；重点围绕主导产业，打造专业众创空间，实施精准孵化；吸引、培育、对接国内外行业龙头企业落户，依托龙头企业的创新发展，吸引上下游产业集聚配套，引领产业转型升级；支持高新技术企业通过并购重组、委托研发、购买知识产权等途径，向价值链高端跨越发展。

搭建多层次科技创新载体。支持高校围绕重点学科和重点产业组建重点实验室，积极开展原始创新；深化校地合作，构建政产学研联合的协同创新机制，鼓励和支持联合技术攻关、人才共同培养、研发机构共建等各类创新活动；推进示范区与高校、科研院所加强战略合作，开展高校、科研院所创新产业园建设；建立军民融合协同创新研究机构，构建军民协同创新和科技成果转化对接机制，推进重大科技成果转化；支持产业技术研究院、产业发展研究院、产业技术创新战略联盟等新型研发机构建设；支持企业建立专业的研发中心，围绕产业关键技术和前沿技术，开展重点研发；支持各类平台加快与互联网融合创新，推动创新平台的低成本、便利化、全要素和开放式运营。

强化创新人才引进与培养。加快落实"智汇郑州 1125""河洛英才""牧野人才"等人才计划，支持高校、科研院所和企业围绕自身学科优势或所属行业，充分利用柔性引进等灵活的人才引进形式，吸引院士、国家"千人计划"和"万人计划"、"国家百千万人才工程专家"、"长江学者""中原学者"等高层次人才和团队；支持科技成果通过协议定价、挂牌交易、入股等方式转让转化，吸引科技领军人才、拔尖人才和创新团队在本市转化科技成果；建立高校、科研院所和企业的人才双向流动机制，实现各方面人才顺畅流动；支持高校、科研院所与企业建立高层次人才培育基地，加强创新人才和领军人才的培育；谋划建设海内外高端人才创业园，完善人才引进的服务体系，优化人才引进的生态环境，建成科技创新的人才高地。

加大科技创新投入力度。构建以财政投入为导向、企业投入为主体、社会资本广泛参与的科技创新投入体系；设立郑洛新国家自主创新示范区发展专项资金，用于普惠性政策落实、产业发展、平台建设、人才引进和培育等方面，统筹支持示范区发展；鼓励探索创新券等各类财政科技资金投入方式，支持企业加大创新投入；鼓励企业从销售收入中提取一定比例建立研发准备金，建立企业新增研发投入奖励机制，推动企业有计划、持续地增加研发投入。

（二）以体制机制改革和创新为突破口

积极开展创新政策先行先试。全面落实国家自主创新示范区的"6 + 4"政策和《中共河南省委、河南省人民政府关于加快推进郑洛新国家自主创新示范区建设的若干意见》（豫发〔2016〕27 号）的 30 条先行先试政策，鼓励示范区积极探索干部管理体制改革，建立有利于发展的、科学高效的新型管理体制和自主灵活的用人机制；积极复制先进地区成功经验，加快研究符合新乡实际的科研项目和经费管理、股权激励、科技金融融合、知识产权运用与保护、人才培养与引进、科技成果转化、科技评价等方面的政策措施。

加快科技管理体制创新。建立健全"1＋X"的科技协同工作体系，鼓励跨部门、跨区域开展科技协作，探索建立促进科技协同的工作机制；建立健全创新调查和创新报告制度，构建公开透明的科研资源管理和项目评价机制；建立健全第三方评价机制，针对科技创新质量和经济贡献，制定、完善市场导向明确和激励约束并重的评价标准和方法。

增强政府服务创新驱动的能力。以"简政放权、放管结合、优化服务"为原则，深化行政审批制度改革，健全以市场为主导的创新资源配置体制，推动政府职能从行政管理向创新服务转变；各部门要围绕自身职责，研究制定具体措施，提升服务能力，降低全社会创新成本，提高创新效能；加快落实"互联网＋政务"发展战略，加快建设智慧城市，优化简化公共服务流程。

（三）以开放创新生态优化为着力点

构建开放合作机制，推动开放创新。主动对接其他国家自主创新示范区，在体制创新、科技金融、科技服务等领域开展交流与合作；深化自创区内郑州片区、洛阳片区、新乡片区之间的交流合作，构建跨区域的科技创新联盟，加速创新资源互通共享；充分发挥产业优势和区位优势，加快推动自创区内企业对外构建或参与技术创新战略联盟，构建优化创新链。

打通技术转移通道，促进成果转化。有效整合自创区现有创新资源，建立涵盖产学研合作、科技成果转化、高端人才引进和培育、知识产权运营等功能的综合服务平台，打通促进技术和成果转移转化的通道；推动高校、科研院所建立专业化的技术转移机构，鼓励企业和社会力量根据市场导向建立机制完善、运行高效的技术转移转化机构，构建多元化的技术、产权交易体系；加速探索与省内外技术转移平台的合作路径，逐步建立对接全省、全国的支撑技术转移、成果转化、知识产权运营的综合服务平台，加快各类创新成果落地和产业化。

打造创新创业平台，推动双创发展。支持产业园区、高校院所、企业及其他各类创新主体建设孵化器、公共技术服务平台、公共信息服务平台等创新创业服务平台；强化创新创业生态环境的建设，吸引双创孵化机构、科技服务机构、金融服务机构和创新创业企业团队集聚，构建"创业苗圃—孵化器—加速器"的完整孵化链条，建成河南省创新创业的高地。

（四）以科技金融融合发展为关键支撑

积极培育发展创新创业投资。设立科技创新发展、科技企业孵化器建设、科技成果转化引导等各类专项基金，积极利用现有的示范区发展基金和先进制造业基金支持示范区建设；积极依托国家和省级政策性基金平台，综合运用保费补贴、知识产权质押融资、股权投资、信贷风险补偿、贷款贴息等多种方式，建立完善的科技投融资体系，加快科技企业培育，推动科技成果转化；建立健全财政资金与社会资本的联动机制，引导多主体共同建立创新创业投资基金；引进创投机构和专业化管理团队，保证各项基金的规范使用，推动基金的市场化发展。

加快科技金融服务发展步伐。鼓励商业银行探索建立科技专营支行、专营团队，推动科技金融专营机构建设，实现科技金融服务的专业化；鼓励金融机构创新金融产品，扩大金融服务范围，促进科技金融发展惠及科技型中小企业；积极探索投贷联动模式，支持金融机构与创投机构建立战略联盟、搭建科技金融服务平台，推动科技金融服务主体的多元化；探索建立促进科技金融融合发展的工作机制，增强政府各职能部门、金融机构与企业的交流合作；探索利用科技贷、科技保、风险池等科技金融工具支持创新创业。

（五）以梯次建设联动发展为推进策略

构建示范区梯次建设的政策体系。以郑洛新国家自创区核心区为第一梯队，率先开展各项政策的先行先试，推行体制机制改革和创新，梳理总结先进经验，依序在后续辐射区乃至全省范围内，梯次复制推广，形成覆盖示范区及周边区域的分层次、一体化的政策体系。

积极探索园区间合作和联动发展新模式。统筹区域功能和产业定位，强化核心区战略先导地位，系统谋划示范区建设，充分预留发展空间，适时扩编核心区建设规划，扩大核心区行政管辖范围，拓展辐射区空间；充分发挥各县（市、区）科技和产业资源优势，探索采用园外园、共建共管等各类灵活的园区间合作模式，建设发展若干定位明确、分工合理的专业化产业基地；通过深化改革、政策引导、开放带动和协同创新，逐步构建中心带动、周边协同、梯次建设、联动发展的科技创新新局面。

第十章

郑洛新国家自创区建设发展路径实证研究

郑洛新国家自主创新示范区是在国家粮食生产核心区、郑州航空港经济综合实验区以及中原经济区等国家级战略平台获批以后，国家赋予河南省的又一个重大战略，是河南省推动实施创新驱动发展战略的重要抓手。当前及今后一个时期，全面落实《国务院关于同意郑洛新国家高新区建设国家自主创新示范区的批复》和《中共河南省委　河南省人民政府关于加快推进郑洛新国家自主创新示范区建设的若干意见》的要求，强化"四个一批"带动，着力深化"四个融合"，加快推进人才引育工程，积极推进开放协同创新。加快推动特色产业发展，全面优化创新资源配置，积极完善创新创业生态，建立健全创新体制机制，打造优良创新政策环境，力争把示范区建设成为具有国际竞争力的中原创新创业中心和开放创新先导区、技术转移集聚区、转型升级引领区、创新创业生态区，充分发挥示范区引领、辐射和带动全省创新发展的综合载体与核心增长极作用。

一　强化"四个一批"带动

培育一批创新引领型企业、人才、平台、机构，是河南落实习近平总书记调研指导时提出要推动中国制造向中国创造转变、中国速度向中国质量转变、中国产品向中国品牌转变的"三个转变"要求、打好"创新驱动发展牌"的具体行动，也是郑洛新国家自主创新示范区建设的中心任务。"四个一批"建设，有助于凝聚创新共识，加速汇聚创新资源，持续释放创新效应。

（一）扶持一批创新引领型企业

近年来，虽然郑洛新国家自创区创新型企业发展成效明显，但与先进省市相比，还存在着数量偏少、规模偏小、龙头带动作用不强、创新能力偏弱等问题，自创区核心区营业收入超过 50 亿元的高新技术企业仅有 2 家，只占自创区核心区高新技术企业总量的 0.5%，郑洛新三市营业收入超过 50 亿元的高新技术企业仅有 11 家，只占三市高新技术企业总量的 1.2%，亟须进一步加大培育力度，扶持企业做大做强，支撑带动自创区转型升级创新发展。

实施创新龙头企业培育引进计划。加快自创区创新龙头企业培育，郑州重点发展新一代智能终端、云计算大数据、智能传感器及物联网、航空及冷链物流等，洛阳重点发展电子核心基础部件、高端合金材料、智能制造装备等，新乡重点发展电池新材料、生物医药等产业，重点面向高新技术企业，筛选一批掌握核心技术、拥有自主知识产权、具有较强的持续创新能力和行业竞争力的优质企业。

实施创新龙头企业能力提升工程。在继续组织实施好省重大科技专项的基础上，重点依托自创区内创新龙头企业，组织实施产业集群重大科技专项，着力解决一批产业链共性关键技术问题。支持自创区创新龙头企业建设国家级研发平台，鼓励设立独立经营的产业技术研究院等新型研发机构。支持自创区创新龙头企业牵头组建产业技术创新战略联盟，探索联盟良性发展新机制，设立联盟发展基金，共建具有独立法人资格的"联盟技术研究院"。支持自创区创新龙头企业建设省级制造业创新中心，建立产学研协同创新机制，开展产业前沿及共性关键技术研发。

加大对创新创业平台支持。支持创新引领型企业独立或联合高校、科研院所在自创区建设国家级研发平台，对新获批的国家级创新平台，除按照国家规定支持外，还一次性奖励 500 万元；对被评估为优秀的国家级创新平台，给予 200 万元奖励。对创新引领型企业建设的产业技术研究院等新型研发机构，在政府项目承担、职称评审、人才引进、建设用地、投融资方面可赋予其国有科研机构的相应政策待遇。对新认定的省级以上众创空间、科技企业孵化器、大学科技园、创新创业基地给予一次性奖补。对省级以上大学科技园、科技企业孵化器、众创空间等孵化载体实际发放的孵化资金最高可按 20% 给予配套支持。

（二）搭建一批创新引领型平台

从总体上来看，郑洛新国家自创区创新平台建设仍存在高端平台少的问题，全省国家重点实验室、国家工程技术研究中心加起来只有 24 家，仅为湖北省 45 家的一半、山东省 56 家的四成左右；企业创新主体地位不明显，大中型工业企业建有研发机构的比重为 14.4%，而安徽为 35.3%，湖南为 17.7%；实力不够强，科研成果产出率和就地转化率不高等，科技对提升产业技术创新能力、促进转型发展的支撑作用不明显，与建设创新型省份、打造中西部科技创新高地的要求差距较大，自创区亟须布局建设一批国家级创新引领平台，提升平台创新能力和科技成果产出转化效能。

积极融入国家实验室建设布局。根据国家实验室建设总体布局，依托自创区最具优势创新单位，整合各类创新资源，重点在拟态防御、量子与可见光通信、信息安全、盾构及掘进技术、深海航行器智能制造、航空航天先进材料与技术装备、生物育种、深部地下空间开发利用等河南省的八大优势领域积极参与承担国家实验室建设任务，主动融入国家创新布局。

争创国家级创新平台。围绕优势特色领域，集中创新资源，重点在食管癌防治、瓦斯地质与瓦斯治理、量子点发光材料、资源材料等领域培育建设国家重点实验室，在可见光通信、地下非开挖技术等领域争取建设军民共建国家重点实验室；面向行业和产业发展需求，积极争取国家技术创新中心、国家企业技术中心、国家协同创新中心、国家工程研究中心、国家国际联合研究中心、国家制造业创新中心、国家产业技术基础公共服务平台、国家工业设计中心、国家质检中心、国家产业计量测试中心等国家级重大创新平台载体及其分支机构在自创区布局。

加速布局省级创新平台。持续推进大中型工业企业省级研发机构全覆盖工程，重点在高端装备制造、新一代信息技术、生物医药、新能源、新材料、节能环保等重点产业集群加快布局重点（工程）实验室、工程（技术）研究中心、企业技术中心、国际联合实验室、院士工作站、制造业创新中心、工业设计中心等省级创新平台；启动建设河南省临床医学研究中心；支持郑州大学联合科研院所组建河南省大科学中心，打造自创区重大科技基础研究平台。

（三）培育引进一批创新引领型人才

郑洛新国家自主创新示范区作为全省创新发展的综合载体和核心增长极，在完善本地吸引集聚人才的政策措施上进行了积极探索，先后分别实施"智汇郑州 1125 聚才计划"、"河洛英才计划"和"牧野人才计划"等，取得了一定成效。但与发达地区相比，自创区仍存在创新引领型人才数量偏少、结构不优、支持政策有待完善等问题，迫切需要实行更积极、更开放、更有效的人才引育政策，大力引进和培育重点领域高层次和急需紧缺人才，为自创区建设提供强有力的人才支撑。

积极培育推荐"中原千人计划"和"中原百人计划"人选。紧紧围绕推动经济高质量发展，整合优化自创区各类人才项目，推动各类人才工程项目与各类科研计划、基地建设相衔接，建立相互配套、覆盖人才不同发展阶段的梯次资助体系。结合河南高层次人才特殊支持"中原千人计划"，有计划、有重点地遴选推荐一批杰出人才、领军人才和青年拔尖人才等。深入实施高层次创新型科技人才队伍建设工程，加快培育一批中原学者、中原产业创新领军人才等学术技术水平领先或对全省产业发展具有重大带动作用的科技创新领军人才队伍。积极推荐"中原百人计划"人选，更大力度地实施河南省高层次科技人才引进工程，加快高层次创新创业人才引进。

加快集聚一批具有持续创新能力的高水平科技创新团队。围绕自创区高端装备制造、生物医药、电子信息、新材料、新能源汽车及动力电池、现代物流、互联网跨界融合等重点领域和重点学科，发挥自创区区位交通、产业基础、人力资源等综合优势，以及企业、高等院校、科研院所和各类创新平台的引才聚才主体作用，与国内外知名高等院校、大院大所进行合作，积极开发利用省内外人才智力资源；支持国内外知名大学、科研院所等在自创区设立或共建分支机构、技术转移中心或新型研发机构等，高效集聚一批科技创新能力和学术研究水平国内领先的创新团队。

面向海内外引进培育一批产业创新领军人才团队。根据自创区重点产业发展需求，设立并实施中原产业创新领军人才工程，重点支持各类企业、园区、产业基地等引进培育从事产业技术创新、符合本地产业转型升级要求、具有较好的产业化开发潜力和市场前景的领军人才团队。面向海内外引进培育产业创新领军团队，重点支持产业创新领军人才，使自创区内产业创新人才规模逐步扩大，产业创新人才结构逐步优化，产业创新能力显著提升，制约产业发展的重大关键技术取得重要突破，在人才支撑引领产业转型升级上取得明显成效。

（四）引进一批创新引领型机构

近年来，郑洛新国家自创区与中科院、清华大学、深圳光启尖端技术有限公司等一批知名高校、科研院所、创新机构建立了合作关系，引进和建设了郑州中科新兴产业技术研究院、清华大学天津高端装备研究院洛阳先进制造产业研发基地、洛阳尖端技术研究院等一批高端研发机构，在全省走在了前列。但与发达地区相比，自创区仍存在着研发机构数量偏少、质量参差不齐、区域发展不平衡、辐射带动能力不强、支持政策有待完善等问题，亟须引进建设一批需求牵引、多元共建、体系开放、水平一流的新型研发机构，推动新型研发机构成为集聚创新要素、整合跨界资源、支撑和引领自创区产业发展的核心载体。

全力支持建设高水平农业生物育种中心。为加快农业供给侧结构性改革，提升河南省现代农业发展优势，全力支持河南省建设"立足本省、服务全国、面向全球"的高水平农业生物育种中心。通过实行更大力度的开放创新、更具竞争力的人才政策、更加灵活高效的体制机制，集聚吸引海内外高端人才，整合集成优势科研平台和技术，促进协同创新，推动成果转化，实现农业生物育种与产业化同步发展。突出粮食、油料、蔬菜、花卉、畜牧等重点领域，加快建设分子生物育种中心、种质资源创新中心、农业信息服务中心，建立起流程化、模块化、工业化、信息化的育种体系，努力打造带动河南省乃至全国农业产业发展的技术研发基地、人才培养基地、合作交流基地、企业孵化基地。

积极谋划建设中原产业技术研究院。学习借鉴江苏、广东、北京等地经验，整合本省创新资源，集聚国内外创新人才，谋划建设中原产业技术研究院，并将其作为河南省深化科技体制改革的"试验田"。鼓励支持中原产业技术研究院探索建立多元化的投资机制、企业化的管理机制、市场化的激励机制和产学研合作的创新机制，积极推行"投管分离、合同科研、项目经理、股权激励"等改革措施，在经费使用、成果处置、人员聘用、薪酬分配等方面赋予其更大的自主权，逐步建立"应用研究—技术开发—产业推广—企业孵化"科技创新链条，努力建成需求引导、多元共建、统分结合、体系开放、接轨国际、水平一流的新型研发机构，使其成为河南省产业技术研发转化的先导中心、人才培育的重要基地。

新引进一批高端新型研发机构。积极对接中科院及直属院所、"985"高校、央企所属研究机构等大院名校、重点机构，支持其到自创区设立分支机构或共建新型高端研发平台。抓紧启动建设中国科学院郑州工业先进技术研究院、大连理工大学重大装备制造郑州研究院等研发机构，引进落地华中科技大学郑州智能装备研究院、中科院软件所郑州分所等已达成合作意向的研发机构。

二 着力深化"四个融合"

着力深化科技与金融、军工与民用、国家与地方、产业与院所"四个融合"，把数字化、网络化、智能化、绿色化作为提升产业竞争力的技术基点，推动资源配置从以研发环节为主向产业链、创新链、资金链统筹配置转变，这是郑洛新国家自主创新示范区建设的重要路径。深化"四个融合"，聚焦自创区管理体制创新、科技成果转移转化、科技金融结合、军民科技融合、培育新型研发机构和开放式创新等方面的重点领域，进一步加快在自创区建立更有利于出成果、出精品、出人才的体制机制，进一步激发人们的创新创业活力，从而从整体上提升自创区创新层级。

（一）着力深化科技与金融融合

建设多元化科技企业融资渠道。对接河南"引金入豫"和"金融豫军"战略，发挥省战略性新兴产业投资基金、省先进制造业集群培育基金作用，设立自创区创新创业发展基金，加大对"银保证基"金融机构的引进力度，引入金融租赁、金融保理、消费金融、信用保险公司等金融机构，打造科技金融集聚区，为科技企业发展提供"一站式"金融服务支持。推进科技小额贷款公司、融资租赁公司、科技担保公司、科技保险公司等科技金融机构发展，支持各类商业银行及国开行、农商行等地方法人金融机构在自创区设立科技支行。完善多层次资本市场融资渠道，支持科技型企业进行股份制改造、完善法人治理结构，对总部和主营业务在本地的科技型企业在境内主板、中小板、创业板首发上市的，给予一定财政补助，对在新三板和中原股权交易中心挂牌的园区企业，给予相应的政策支持。

发展新型科技金融服务。紧密结合中国（河南）自由贸易示范区、国家促进科技和金融结合试点城市、国家小微企业创业创新基地城市、国家专利质押融资和专利保险试点城市示范建设，积极开展金融服务创新及先行先试。加大对中小企业的金融支持力度，完善中小微型企业信贷风险补偿制度、还贷周转金制度等。提升政府性融资担保机构服务能力，建立政策性担保、商业担保相配合的多元化担保体系。积极创新科技企业融资模式，支持发展知识产权质押融资、产业链融资、融资租赁、科技保险、动产质押融资等新型融资模式，探索开展科技型中小企业履约保证保险、首台（套）创新产品保险等业务，推动"科技贷""科技保"联动模式试点。加强自创区科技型企业信用信息平台建设，形成"以信用促融资"良性循环模式。鼓励郑州、洛阳、新乡三片区政府、科技企业孵化器等出台差异化政策，组织引导高成长科技型中小微企业发行债券，充分利用各类直接债务融资工具，实现快速融资。

壮大创新创业投资基金规模。发挥财政资金引导作用，按照政府引导、市场运作模式，设立郑洛新科技成果转化引导基金，支持围绕自创区主导产业设立若干产业投资基金。持续放大现有创业创新投资引导基金的规模和作用。鼓励示范区围绕特色产业设立种子基金、天使基金、风险投资基金和产业基金等专业化投资基金。鼓励国内外创业投资公司、投资基金等机构入驻自创区，积极落实国家出台的天使投资机构和个人税收优惠政策，鼓励本地成功企业家向天使投资人转变。

加大产业基金支持力度。以政府投资平台为依托，引导社会资金参与，设立洛阳市重点产业发展母基金，推动财政资金、产业资本与金融资本有机结合。设立产业发展专项资金，用于支持制造业重点行业技术改造和新上重大项目建设，支持各类制造强市平台、试点示范建设、新型研发机构建设等。

（二）着力深化军工与民用融合

探索建立军民融合协同创新研究院，搭建国防科技工业成果信息与推广转化平台，研究设立军民融合协同创新投资基金，完善军民创新规划、项目、成果转化对接机制，打通军民科技成果双向转移转化渠道。支持郑州信大先进技术研究院等技术创新机构发挥示范作用，联合军事院校、军工科研院所建设军民融合科技创新产业园。加强省政府与央属军工集团战略合作，争取国家重大军工项目布局。支持洛阳创建国家军民融合创新示范区，加快郑州军民融合产业创新基地建设，推动军民融合政策先行先试。

加快"军转民"进程。按照"对接一家央企、合作一个项目、做大一个产业、形成一个集群"的思路，积极构建军民企地对接机制，建立郑洛新国家自创区军民融合产业重点项目库，实施一批军民两用产业重点项目。谋划与中航工业、中船重工、中国兵装集团等在洛阳军工企业的总部单位开展深度合作。深化与中国空空导弹研究院、中航工业 613 所、中航光电、中船重工 725 所、中国人民解放军第五七一五工厂等央（省）企的合作，定期发布军用技术转民用推广目录，着重支持光电探测、光电连接器、高性能金属材料和非金属材料、航空技术等军民两用科技成果产业化。支持军工单位通过独立投资、对外合作、收购重组、参股等方式，推进军工技术向民用产品转化。

畅通"民参军"渠道。积极落实国家鼓励民口企业参与国防科技工业建设的政策，鼓励民口企业参与军工集团公司在自创区企业的改组改制。每年择期发布民参军技术与产品推介目录，鼓励民营企业进入军品科研生产领域，引导带动社会资本对军工技术基础建设进行投资，提高配套能力和服务能力。加强对民营企业申请武器装备科研生产许可证、武器装备科研生产单位保密资格证的培训。

推进军民企地科技资源开放共享。对自创区军工院所和科研单位的科研设备开展摸底调研，编制《郑洛新国家自主创新示范区军民科技资源开放共享目录》，搭建军民融合公共服务平台和军民资源共享平台，提供科研需求信息发布对接、军工高技术成果信息资源发布、军民技术转化中介等服务，促进军民科技成果、科技资源的交易和转移转化。落实重大科研技术基础设施和大型科研仪器向社会开放的有关政策，支持军工大型科学仪器、民营企业重点实验室、技术中心等资源双向开放。在遵守国防科技工业保密规定的前提下，根据军民结合产业发展需要，鼓励支持军工系统重点实验室、研究开发中心、计量站和加工设备等高科技资源对外开放和合作利用，建立公开透明的成本核算和服务收费标准，以科技创新券方式支持用户使用相关设备。

（三）着力深化国家与地方融合

把地方的发展和国家的大局、中央的政策优势和地方的基础平台结合起来，积极利用国家战略叠加机遇，加快推动科技创新发展。中原城市群、河南自贸区、郑洛新国家自主创新示范区、国家大数据综合试验区、中国（郑州）跨境电子商务综合试验区、国家知识产权强省试点省建设、郑州建设国家中心城市等国家战略落地，为郑洛新国家自创区创新发展带来前所未有的战略机遇。一方面，落实《郑洛新国家自主创新示范区建设实施方案》（豫发〔2016〕14号）和《中国（河南）自由贸易试验区建设实施方案》，在政策层面做好顶层设计。争取自贸区相关政策在自创区先行先试，实现投资贸易便利与科技创新功能的深度叠加及有机融合，提高吸纳和配置全球创新资源的能力。另一方面，加快推动郑洛新国家自主创新示范区、国家大数据综合试验区、国家知识产权强省试点省建设方案的实施，将各项国家战略实施放在科技创新中的重要位置，加强人员、资金和政策创新方面的支持。积极争取中央对于国家战略实施在政策、资金等方面的支持，不断与全国其他地区进行改革创新试验的交流，保持走在改革创新的前沿。

加快连接国内创新高地。主动连接北京中关村、武汉东湖、苏州工业园区等国内创新高地，加强对体制机制创新和先行先试政策的学习，充分吸收创新高地发展"新技术、新产业、新业态、新模式"方面的成功经验，精准靶向对接科技型企业、高校院所，重点连接产业协会、产业联盟、技术转移机构等新型产业组织。围绕高端装备、机器人及智能装备、新材料、新能源、生物医药等重点产业，加强与相关产业领域先进园区的交流合作，促进产业资源高效配置，推动产业关键技术创新。

加强对国际创新发达区域的高端连接。积极与全球创新高地和产业高地战略对接，加强与德国、意大利、以色列、俄罗斯等国家在高端装备、机器人及智能装备、新材料、新能源汽车、电子信息、生物医药等产业领域的合作，高标准建设一批国际创新合作平台，提升与国际市场经济体合作水平。着力探索创新链跨境合作，积极对接中德科技创新中心、中意技术转移中心、中以创新创业合作研究中心等跨国创新合作机构，大力推动跨国技术转移合作。支持在硅谷、以色列、慕尼黑等全球创新创业高地建设海外孵化器，对有潜力的项目采取产业化后返还部分资助资金的方式，吸引其到自创区落地产业化。

（四）着力深化产业与院所融合

在重点产业领域围绕产业链部署创新链，引导龙头企业与科研院所、高等院校对接融合，加快产业技术、模式、业态的创新，构建具有较强竞争力的产业技术体系，加速引领产业变革。

加快组建产业技术创新战略联盟。支持自创区创新龙头企业牵头，联合高校院所、上下游企业组建产业技术创新战略联盟，探索管理运行新模式，加强产业技术发展顶层设计，加快形成以市场为导向、以共同利益为纽带的产学研合作新机制。加强产业创新发展的顶层规划，科学配置创新资源，编制形成联盟产业技术发展路线图，指导产业创新发展，加快形成企业、高校、院所等成员单位共同参与产业技术创新决策、组织、投入以及转化的共担机制，强化产学研紧密结合。探索联盟法人化运行新模式。引导和支持有条件的联盟成员单位联合共建具有独立法人资格的"技术联盟研究院"等新型研发机构，以企业成员单位创新需求为导向，开展产业关键共性技术研发，支持技术联盟研究院承担各类重大科研项目，并享受有关优惠政策。

探索建立一批产业技术研究院。鼓励自创区聚焦当地主导产业，围绕生物育种、可见光通信、超级电容、工业 CT "四大项目"建设产业集群的创新需求，支持创新型龙头企业牵头，联合高校、科研机构和社会团体，以产学研合作形式设立产业技术研究院，面向产业开展共性关键技术研发和产业化服务。鼓励引导产业技术创新战略联盟由法人化经营，转变为实行专业化和市场化运作的新型研发机构。

启动建设郑州中原科创谷和新乡汇智协同创新谷。加快启动中原科创谷规划设计，加大中原科创谷建设支持力度，将其建设成为集"高端研发、创业孵化、人才集聚、成果转化、产业育成、科技金融、总部基地"功能为一体的具有国际影响力的产业研发创新高地、科技成果转化辐射高地、新产业新业态育成高地、科教资源集聚高地。重点推进中电集团六所郑州轨道交通信息技术研究院、中国航天郑州产业技术研究院、北航人工智能应用研究院、华中科技大学郑州智能装备产业技术研究院、天安 I 谷、大数据产业园、亿达软件园、联东 U 谷、智能装备产业园、清华北斗产业基地建设。发挥新乡市高校的人才、技术、信息、仪器设备等综合智力资源优势，建设高层次人才培养基地、创新创业示范基地、高新技术企业孵化基地、产学研协同发展示范基地。建设新乡科技成果交易中心，承接科技成果转化和资源交易项目，建设科教园，引进市内外高校、科研机构创新资源，共建中纺院中原分院、环保部环科院中环环保产业创新研究院等各类创新创业平台和人才培养基地。

三　加快推进人才引育工程

科技与经济的竞争，归根结底就是人才的竞争。人才兴旺，对于一个国家或地区的经济社会发展具有重要的历史意义和现实意义。当前，国际、国内经济形势急剧变化，为抓住机遇，实现郑洛新国家自主创新示范区的发展，就必须坚持人才强区战略，设立人才特区或者人才聚集区，统筹推进各类人才队伍建设，加大高层次、高技能人才引进力度，着力培育本地创新型人才队伍，营造全社会尊重劳动、尊重知识、尊重人才、尊重创造的氛围，为实现郑洛新国家自主创新示范区高质量发展提供坚强的人才保证和广泛的智力支持。

（一）加快创新创业人才载体建设

依托高等学校和科研单位加强人才载体的建设。以郑州大学、河南大学、信息工程大学、河南工业大学等高校为载体，采取联建、合建等多种方式，积极设立博士后流动站和扩大硕博授予点，鼓励和支持博士后参与科技攻关、承担重大课题项目，争取与国家一流高校合作设立研究生分院，大力引进和培养国家级、省级以上科研机构，进一步加强与国际一流大学或科研单位进行交流和合作；通过国家实验室、工程研究中心等创新载体平台建设吸引和集聚领军人才与创新骨干人才，带动整体人才层次结构的提升。依托河南省农业科学院、河南省科学院、河南省社会科学院等省属研究机构，通过合作共建、联合攻关，以及开辟新研究领域等形式，注入创新活力，优化提升科研单位的高端人才吸纳能力。

依托优势企业和重点产业加强人才载体建设。鼓励和扶持创新型企业发展，创新型企业在创新理念、创新投入和创新平台等方面具有一般企业所不具备的竞争优势，要充分发挥创新型企业在人才开发中的示范引领作用。对于那些符合河南省产业和社会事业发展重点领域的创新型企业，要加大政策倾斜力度，加快形成大型创新型企业集团和创新型产业集群，集聚一批高层次创新型人才。要坚持产业聚才和项目引才，在优势产业领域，主要集聚装备制造、精细化工、汽车家电、纺织服装等先进制造业人才；在新兴产业领域，主要集聚新材料、新能源、电子元器件和软件信息等高科技人才。同时，大力引进商贸物流、旅游会展、服务外包、金融服务等现代服务业人才以及生态农业、休闲农业和出口创汇农业等现代农业人才。

依托重点园区加强人才载体建设。在河南自贸区、郑州航空港区、郑州经济技术开发区、郑州国家高新技术产业开发区、综合保税区、出口加工区、洛阳高新区、新乡高新区等国家级园区，重点建设产业发展研究院、大学生创新创业综合体和博士后科研工作站等创新创业平台，围绕优势产业，整合创新资源，加快周边区域企业工程（技术）中心、科研院所和大企业的研发中心向重点园区或者重点企业集聚，加快集聚具有自主知识产权或创新成果转化能力的高端科研人才。特别是要抓住后金融危机影响下人力资源开发的有利机遇，推进海外引才引智基地建设，大力提升海外留学人才创业园区的办园水平，吸纳更多拥有知识产权、具有国际竞争力的高端人才，加速促进海外高端人才的集聚和回归。

（二）加强创新型人才培养

进一步加大院士工作站等柔性引才力度。把柔性引才引智作为聚才用才的重要方式，积极创新方法举措，拓宽引才途径，通过兼职挂职、技术咨询、项目合作、客座教授等多种形式，大力汇聚人才智力资源。研究制定自创区乡情引才具体实施细则，以河南籍和在河南工作过的高端人才为重点，组织开展海外高层次人才智力引进暨项目对接洽谈会、院士中原行等活动，广泛吸引省外、海外人才来自创区创新创业。鼓励企事业单位、省级以上重点实验室、协同创新中心等创新平台，通过项目合作、设置特需岗位、建设院士工作站、博士后科研工作（流动）站等方式，开展科技合作与交流，柔性汇聚人才智力资源，传帮带培养创新人才。

强化青年人才战略储备。在省自然科学基金中增设中原杰出青年科学基金项目（简称"中原杰青"）。鼓励高校、科研院所、科技型企业培育引进国家"千人计划"青年项目入选者、"万人计划"青年拔尖人才、国家优秀青年科学基金获得者、"长江学者奖励计划"青年学者、"百千万人才工程"国家级人选等青年英才。研究制定"名校英才入豫"实施细则，吸引名校毕业生来自创区工作。鼓励高校、科研院所和企业设立博士后科研流动站（工作站）和研发基地，积极推荐研发能力强、产学研结合成效显著的博士后科研工作站申报独立招收博士后研究人员。

建立健全人才终身教育体系。随着知识经济社会的到来，知识更新周期缩短，知识更新十分紧迫，而终身教育体系打破了教育的"一次性"和"阶段性"，使学习成为整个社会的一项经常性的重要活动，能够根据自己的实际情况和社会需求来不断学习和完善自己，更符合现代人才发展的趋势和要求。在这种情况下，河南要统筹整合当前教育培训与人力提升资源，打造以继续教育、现代远程教育为主体的多维数字化学习平台，加快全员终身学习的社会化进程。

（三）不断优化人才发展环境

加快完善人才配套政策措施。根据河南省新出台的涉及人才工作文件的新政策、新要求，各有关部门要加快研究制定示范区高层次人才评价认定、高层次人才引进"绿色通道"、青年英才培养支持等配套政策和实施细则。鼓励郑州、洛阳、新乡三市结合本地实际，大胆探索个性化、针对性强的引才育才优惠政策，加快推进"智汇郑州""河洛英才""牧野人才"等引才引智计划。

进一步完善职称评价标准。对示范区内高校、科研院所中主要从事技术研发、推广服务的专业技术人员，在评审标准中提高对科研成果转化的考核权重，将科研成果取得的经济效益和社会效益作为职称评审的重要业绩条件。对高校以科研开发服务为主的教师，侧重考察其创新能力、成果转化推广效益、服务社会能力等。对工程系列专业技术人员重点考察其掌握必备专业理论知识和解决工程技术难题、技术创造发明、技术推广应用、工程项目设计、工程项目施工与管理、工艺流程标准开发等实际能力和业绩。对基础研究人员，重点考察其原创提出和解决重大科学问题的能力、成果的科学价值、学术水平和影响力等。对应用研究和研发人员，重点考察其技术创新与集成能力、取得自主知识产权和重大技术突破、成果转化、对产业发展的实际贡献等。社会科学研究人员，撰写的应用对策研究报告、建言献策报告、调研报告或政策建议等研究成果，可作为其职称评审的业绩。

全方位提升人才服务保障水平。建立完善自创区创业扶持、投资融资、成果转化等人才服务体系，为人才提供高效优质服务。坚持部门联动，设立"一站式"人才服务窗口，在办理人事关系、社保医疗、住房安居、配偶就业、子女入学、工商注册、创业扶持等方面简化程序，提高效率，实行引才手续限时办结，完善便于人才跨地区、跨行业、跨体制流动的社会保险关系转移接续办法，完善高层次人才和特殊一线人才医疗保健制度等，努力打造拴心留人的服务环境。

四 积极推进开放协同创新

全球新一轮科技革命、产业变革和军事变革加速演进，科学探索从微观到宏观各个尺度上向纵深拓展，以智能、绿色、泛在为特征的群体性技术革命将引发国际产业分工重大调整，颠覆性技术不断涌现，提高郑洛新国家自主创新示范区科技创新的开放协同创新水平，深入开展国际科技交流与合作，在更高的起点上推进自主创新能力的提升已成为河南的必然选择。当前，河南省正处于爬坡过坎、攻坚克难、转型升级、一步一步实现中原更加出彩的关键阶段，对科技创新提出了新的更高要求。必须着力提高科技创新对外开放水平，构建对外科技合作平台，完善对外科技合作政策，引领带动全省企业在更广阔的领域深入开展国际科技合作，构建开放型的区域创新体系。

（一）深度融入"一带一路"建设

加大科技基础设施的互联互通，推动大型科研基础设施向"一带一路"沿线国家优先开放，提高科研数据和科研信息的互通水平。充分发挥一拖陆港多式联运物流中心的平台作用，积极推进与青岛港、天津港、郑州内陆港的对接合作，加快开通自创区至中亚地区的国际集装箱班列。利用国家对外援助、对外工程承包等机遇，支持中信重工、中铁装备、宇通集团、一拖集团等龙头企业与"一带一路"沿线国家的经贸、产业合作，鼓励在海外建立高科技园区、产业合作基地和研发中心，促进高端装备、机器人及智能装备、新能源、新材料等优势产业"走出去"，形成以技术、标准、品牌为核心的竞争优势。充分发挥洛阳有色金属设计研究院、中石化洛阳分公司、洛阳建材建筑设计研究院等工程总包型企业带动作用，实现以国际工程总包带动产能出海。

（二）促进科技开放合作

吸引国内外一流大学在示范区合作建设分校或重大科教平台，支持国内外一流科研院所和世界 500 强、国内 500 强企业在示范区设立或共建分支机构、研发中心、产业研究院等。支持高等学校、科研院所和企业积极参与欧盟"地平线 2020"等多边科技合作计划，合作建设国际创新园、国际联合研发中心、国际技术转移中心等国际科技合作基地。积极打造中国郑州国际创新创业大会、中国洛阳创意设计大赛、中国创新创业大赛、大众创业万众创新活动周等国家级科技合作活动品牌。

（三）建立健全技术转移服务体系

以国家技术转移郑州中心、国家知识产权专利审查河南中心等国家级科技服务机构为依托，加快技术转移的组织创新和模式创新，培育一批市场活力强的技术转移示范机构，发展研发设计、中试熟化、检验检测认证、知识产权等各类科技服务，构建市场化、专业化、网络化的技术转移服务体系。

（四）提高企业技术引进、消化吸收再创新能力

企业作为技术创新的主体，在引进消化吸收再创新方面有其独特的优势和灵活的自主性。当前，郑洛新国家自创区内多数企业的自主创新能力不强，在引进先进技术方面还存在一些薄弱环节，并且大多数企业在吸收引进国外先进技术以后，只是单纯地替代现有落后装备而不注重在此基础上进行消化吸收并进一步创新。因此，亟须增强企业创新意识，切实提高自创区内企业的技术引进、消化吸收再创新能力。一是把企业当作真正技术创新的主体来进行培养，引导企业在研发投入上加大资金支持，促进创新要素资源真正地流向企业，不断提高企业的自主创新意识和核心竞争力，不断推动企业成为技术引进、消化吸收再创新的主体。二是通过财税、金融、政策等多种渠道和方式为郑洛新国家自创区内的企业提供更多的技术支持，并对重点技术引进项目消化、吸收再创新给予财政、税收、金融等多方面的政策支持。三是强化外商投资的技术溢出效应，优化外商投资结构，大力提升引进外资的质量和水平，引导和支持本省有实力的企业与外商开展多种方式的合作合资，鼓励外商转让关键和核心技术，提升合作水平和层次，增强学习能力和转化能力，以进一步强化吸收外资的技术溢出效应，并逐步实现从模仿创新到合作创新和自主创新的转变。

（五）扶持中小企业参与国际竞争

中小企业是国民经济的重要组成部分，在经济和社会发展中发挥着越来越重要的作用。而在知识经济与信息全球化的时代，无论是大型企业，还是中小型企业，都必须与世界经济接轨，走国际化经营的路子，才能求

得生存和发展。加强企业的对外科技交流与合作，就必须积极推动中小企业，尤其是科技型中小企业参与国际合作和竞争，帮助中小企业提升自身技术水平，增强产品在国际市场的竞争能力，实现可持续的发展。一方面要培育更多的中小企业主体，通过完善相关政策体系，加大对中小企业的资金支持力度，鼓励其加强科技人才的培养和开发，不断提升其科技和经营管理水平，真正成为开放条件下自主创新的生力军；另一方面要制定行之有效的政策支持中小企业加强新技术、新产品的开发，努力开拓国际市场，积极参与国际经济合作与竞争、国际科技交流与合作，从而在参与国际竞争与国际合作中实现科技水平和管理水平的提高。

五　加快推动特色产业发展

高端装备制造、新一代信息技术、新型绿色耐火材料、新能源动力电池及材料、生物制药、生化制品等是郑洛新国家自主创新示范区发展的特色产业和主导产业，围绕这些产业，自创业具有打造培育一批"百千万"亿级创新型产业集群的基础、优势和潜力。加快推动特色产业发展，就是要明确发展定位，发挥自创区比较优势和后发优势，紧紧围绕经济竞争力提升的核心关键、社会发展的紧迫需求、国家安全的重大挑战，高度关注可能引起现有投资、人才、技术、产业、规则"归零"的颠覆性技术，前瞻布局新兴产业前沿技术研发，以技术的群体性突破支撑引领特色产业集群发展，推进产业质量升级。

（一）合理优化产业空间布局

发挥区域比较优势，实施区域间产业错位发展是合理优化产业空间布局的关键。应根据自然地理条件、区位条件、环境承载能力、产业发展基础等因素，合理引导郑洛新自创区产业发挥比较优势，相互补充，错位发展。郑州片区重点发展智能终端、盾构装备、超硬材料、新能源汽车、非开挖技术、智能仪表与控制系统、可见光通信、信息安全、物联网、北斗导航与遥感等产业，打造国内具有重要影响力的高端装备制造产业集群和新一代信息技术产业集群。以建设国家科技和金融结合试点城市为抓手，重点开展科技服务业区域试点和科技金融结合方面的试点示范。洛阳片区重点发展工业机器人、智能成套装备、高端金属材料、新型绿色耐火材料等，打造国内具有重要影响力的智能装备研发生产基地和新材料创新基地。以建设国家小微企业创业创新基地示范城市为抓手，重点开展创新创业生态体系和新型研发机构建设方面的试点示范。新乡片区重点发展新能源动力电池及材料、生物制药、生化制品等，打造新能源动力电池及材料创新中心和生物医药产业集群。充分发挥科教资源集聚优势，全力争创国家创新型试点城市，重点开展新能源领域科技成果转移转化和产业组织方式创新方面的试点示范。

（二）引领提升优势产业

大力推进"中国制造2025"实施，发展基于互联网的个性化定制、众包设计、云制造等新型制造模式，促进新一代信息技术与制造业深度融合，向智能制造、服务型制造、绿色制造方向转型升级，全面提升两大优势产业核心竞争力。一是加快先进装备制造产业发展。依托盾构及掘进技术国家重点实验室、拖拉机动力系统国家重点实验室、矿山重型装备国家重点实验室、中科院自动化所（洛阳）机器人与智能装备创新研究院等创新平台，重点突破机器人和自动化控制系统、智能装备控制系统集成设计等关键技术，优先发展工业机器人、智能矿山成套设备、智能专用成套设备、智能单机装备等，大力发展盾构装备、煤矿机械、工程机械、智能仪表与控制系统等，打造国内具有重要影响力的千亿级先进装备制造产业集群。二是加快新材料产业发展。依托超硬材料磨具国家重点实验室、耐火材料国家重点实验室、国家反应注射成型工程技术研究中心、多晶硅制备国家工程实验室等创新平台，重点发展钛及钛合金、钼钨及制品、深加工铝铜材、金属靶材等高端金属材料，大力发展新型绿色耐火材料、超硬材料及制品、高分子材料、电子玻璃等高端新材料，打造千亿级新材料产业集群。

（三）培育壮大战略性新兴产业

实施"互联网＋"行动计划，加强产业融合和商业模式创新，培育一批新技术、新业态和新模式。做大做强电子商务、物联网、云计算、大数据、移动互联网、3D（三维）打印等新兴业态，培育产业新增长极。一是加快电子信息智能终端产业发展。贯通研发、关键零组件加工、手机生产的本地化链条，打造3000亿级智能终端（手机）产业集群。建设国家级互联网骨干直联点、河南联通中原数据基地、阿里巴巴云计算和大数据、IBM郑州数据中心，形成全球重要的电子信息产业基地。发展信息技术应用、信息安全、物联网、新型显示等，打造千亿级新一代信息技术产业集群。二是加快新能源汽车及动力电池产业发展。重点发展混合动力客车、纯电动客车、纯电动工程车等，加快建设500亿级新能源汽车产业创新及制造基地。着力突破动力电池、驱动电机和电子控制领域核心关键技术，积极向储能、机车、信息、军工等领域拓展，打造500亿级产业集群。三是加快生物医药产业发展。推进疫苗、血液制品、重组人血白蛋白、单克隆抗体药物、干细胞与生物治疗等关键技术自主研发，发挥在医药中间体方面的优势，打造百亿级生物医药产业集群。

（四）夯实产业发展支撑

一是建设生态宜居城市。以中原城市群、郑州国家中心城市建设为载体，以绿色发展理念推进新型城镇化，协调好城镇发展中的生产空间、生活空间和生态空间，不断提高城镇的宜居性与发展的可持续性。优化城市用地布局，提高建设用地开发强度、投资强度和环境效益，大力发展节地节能节水型产业、节地节能型绿色建筑和紧凑型城市。合理确定城市用地规模，统筹地上地下空间，积极开发利用地下空间。二是加快现代农业发展。利用互联网提升农业生产、经营、管理和服务水平，培育一批网络化、智能化、精细化的现代"种养加"生态农业新模式。加快推动移动互联网、物联网、二维码、无线射频识别等信息技术在生产加工和流通销售各环节的推广应用，完善农副产品质量安全追溯体系。建立与国际接轨的集分子育种、细胞工程育种、染色体工程育种、航天育种、诱变育种等为一体的育种体系。三是大力发展现代服务业。推动信息技术创新与服务模式创新的融合，用信息技术推进现代金融、现代物流、工业设计等生产性服务业的高端化。大力推动信息技术外包服务（ITO）、技术性业务流程外包服务（BPO）和技术性知识流程外包服务（KPO）等外包服务业的发展。支持法律咨询、会计审计、资产评估、工程咨询、认证认可、信用评级、广告会展、金融保险服务、教育服务等行业发展。推动郑州国家三网融合试点城市建设。大力发展科技服务业。鼓励新技术应用和新模式创新，重点打造移动互联应用、生物技术、研发设计和检验检测、知识产权和科技成果转化等服务链。

（五）形成低碳绿色生产方式

坚持优化增量与改造存量并举，严把项目建设源头控制关口优化增量，加快淘汰落后产能和设备改造存量，切实转变发展方式，全面推动三次产业向高端化高质化高新化发展。把好项目建设源头控制关口，严格控制高耗能、高排放和产能过剩行业新上项目，进一步提高行业准入门槛，强化节能、环保、土地、安全等指标约束，依法严格节能评估审查、环境影响评价、建设用地审查。坚持高标准建设产业集聚区，严禁污染产业和落后生产能力转入。加大淘汰落后产能力度，加快淘汰能耗高、污染重的落后设备和工艺，完善落后产能退出机制，促进存量改造。大力发展循环经济，依托河南省有色金属、煤炭、非金属矿、农业等优势资源，以产业集聚区为载体，着力打造循环产业链，提高资源利用效率。按照循环经济理念对各类产业园区进行规划，通过技术引进和创新，突破关键链接技术，通过承接产业转移，建设关键链接项目，积极打造循环产业链，最大限度地实现资源集约利用、能量梯级利用、废弃物综合利用。

六 全面优化创新资源配置

区域创新资源集聚优化和整合是创新资源配置的一种方式，是创新资源配置的高级形态，具有效能性、外溢性、时域性和动态性。创新资源集聚优化和整合，对于提高郑洛新国家自创区区域经济的核心竞争力、促进知识生产与知识扩散相协调、提高创新资源有效配置能力、提高创新资源的有效利用率等具有重要作用。

（一）全力推进郑洛新国家自主创新示范区建设

以"三市三区多园"为主体架构，不断优化示范区空间布局和功能布局，将其打造为引领全省创新发展的核心增长极。突出核心区引领，强化核心区的战略先导地位，适时扩编核心区的建设规划，集聚高端创新资源，加快培育优势主导产业，促进产业成群成链发展，提升产业创新水平。拓展辐射区空间，参照国家高新区的标准，面向特色产业园区遴选建设辐射区，复制推广先行先试政策，推动与核心区良性互动、协同发展。提升共建区功能，采取"一区多园"的方式，探索将符合条件的辐射区提升为示范区的异地共建区，赋予其核心区政策权限和功能定位。

（二）提升高新区发展水平

适时复制推广示范区先行先试政策，推动高新区体制机制创新，落实省辖市级经济管理权限和相关行政管理权限，鼓励省级以上高新区按照有关规定，拓展发展空间，突出特色优势，优化产业布局，形成一批具有竞争力的高端产业集群。支持国家高新区积极创建国家级创新型科技园区和特色园区，鼓励有条件的省级高新区创建国家高新区。积极引导省产业集聚区走创新发展的道路，培育创新型产业集聚区，重点依托创新型产业集聚区建设一批省级高新区，加快形成国家高新区、省级高新区、创新型产业集聚区协同发展格局。

（三）促进区域创新资源合理流动

打破领域和区域界限，推动创新要素合理流动、高效配置，构建跨区域的创新网络，推动各地市间共同设计创新议题、互联互通创新要素、联合组织技术攻关，推进科研基础设施和大型科研仪器联网共享，激励各类创新创业人才的双向流动，加快创新成果区域间转化应用，努力形成深度融合的互利合作格局，打造区域协同创新共同体。加强创新型城市建设，支持创新基础较好的城市创建国家创新型试点城市，发挥郑洛新国家自主创新示范区在中原城市群中支撑引领作用，探索城市群协同创新发展新机制。

七 积极完善创新创业生态

当前，我国经济已由高速增长阶段转向高质量发展阶段，国家自主创新示范区已经成为增强自主创新能力、落实创新驱动战略迈向高质量发展的重要载体和战略选择。加快推动郑洛新国家自主创新示范区高质量发展，关键需要加快营造优良的创新生态，促进创新资源高效配置，全面激活高质量发展的第一动力，全面增强创新力和竞争力，发挥国家自主创新示范区的先行先试引领突破作用。

（一）建设创新创业孵化载体

充分利用移动互联网、物联网、大数据、云计算等现代信息技术，探索新型创新创业服务模式，建立低成本、便利化、全要素、开放式众创空间、虚拟创新社区和星创天地。以行业龙头骨干企业、高等学校和科研院所为主体，加快建设各类专业化众创空间。建设多种形式的孵化机构，构建"众创空间—孵化器—加速器"完整孵化链条和"孵化＋创投"的创业模式，打造一批各具特色的创新创业综合平台和示范基地。支持国家"双创"示范基地建设，布局建设省级"双创"示范基地，加快形成全省

"双创"载体支撑体系。

（二）壮大创新创业群体队伍

推动有激情、有梦想、有知识的青年科研人员、大学毕业生、新型农业经营主体、退伍军人等不同知识背景、不同生活阅历的创新创业人员开展创新创业活动、研发新产品。积极引导和支持大中型企业设立"大工匠"、大师工作室等创新创业载体平台，培育壮大一批具有战略眼光、冒险意识、创新思维的企业家、技术带头人、"大工匠"或创客团队，支持企业转型或二次创业。制定各类激励政策，培育一批创客和极客。强化创新创业教育培训，完善创新人才和产业技能人才二元支撑的人才培养体系。扩大高校和科研院所自主权，赋予科技人才更大创新创业空间。深化开放合作，积极引进一批具有国际视野和拥有国际领先成果的高层次领军人才来自创区孵化和创办企业，大力支持豫籍企业家返乡创业。

（三）推进知识产权运用和保护能力提升

重点实施知识产权"两争一创五推进一探索"工作，即积极争取建设中国新乡知识产权保护中心、中部知识产权运营中心、创建国家知识产权强市试点，稳步推进专利申请质量双提升、专利行政执法、专利维权援助、知识产权优势培育、专利质押融资和专利保险五项重点工作，探索开展商标、版权、专利三合一综合管理改革，促进知识产权运用和保护，提升企业核心竞争力。

八　建立健全创新体制机制

高质量发展的核心就是落实新发展理念的发展，从根本上说是创新体制机制，即构建与高质量发展要求相适应的体制机制环境。这就要求建设郑洛新国家自主创新示范区要正确处理好政府与市场的关系，坚持使市场在资源配置中起决定性作用，更好发挥政府作用，提高资源配置效率效能，推动资源向优质企业和产品集中，推动创新要素自由流动和聚集，通过建立健全创新体制机制增强经济的活力、创新力和竞争力。

（一）推动示范区管理体制机制创新

建立精简高效、权责一致的管理体制，河南省政府成立郑洛新国家自主创新示范区领导小组，由省长任组长，分管副省长任常务副组长，成员由省直有关单位和郑州、洛阳、新乡市主要负责同志组成。领导小组下设办公室（加挂示范区建设协调推进管理委员会牌子），办公室设在省科技厅，承担领导小组日常工作，专职履行综合指导、统筹规划、政策支持、考核评价、协调服务、督促检查等职能。郑州、洛阳、新乡市建立相应的领导小组和工作推进机构，负责所在市示范区的建设发展，构建省统筹、市建设、区域协同、部门协作的工作机制。加大"放、管、服"改革力度，优化行政审批流程，编制发布示范区权力清单、责任清单和负面清单，健全完善一门受理、联审联批、多证联办和高效运转的综合服务平台。建立健全巡视、审计、财政监督检查结果信息共享、协同互认机制，减少重复检查。

（二）优化示范区空间布局

发挥郑州、洛阳、新乡3个国家高新区作为核心区的示范引领作用，落实核心区的省辖市级经济管理权限和相关行政管理权限。核心区享受郑州航空港经济综合实验区、城市新区、产业集聚区现行的各类财政扶持政策。强化核心区战略先导地位，适时扩编核心区的建设规划，扩大核心区行政管辖范围。拓展辐射区空间，参照国家高新区标准，在全省特色专业园区中遴选建设辐射区，赋予其先行先试政策权限。支持核心区采取"一区多园"的方式对郑州、洛阳、新乡市的辐射区进行托管，一并纳入核心区统计管理。提升共建区功能，探索将郑州、洛阳、新乡市之外的辐射区提升为示范区的异地共建区，赋予其核心区政策权限和功能定位。建立核心区与省直部门直通车制度，在规划、项目、财政资金等方面直接申报。优化配置土地资源，在用地指标上予以重点保障，加大土地出让金用于核心区基础设施建设投入力度。鼓励核心区探索建立灵活高效的管理体制，在内设机构、行政编制、领导职数统一核定的范围内，赋予其优化调整的自主权。探索核心区在保留干部档案身份的前提下，实行任用制与聘任制、合同制相结合的岗位薪酬模式，支持示范区实行灵活自主的公开招聘和人才引进模式。

（三）完善创新投入保障机制

建议由省财政批准设立郑洛新国家自主创新示范区建设专项资金，郑州、洛阳、新乡三市配套设立相应的专项资金，重点用于一些普惠性政策落实方面，例如支持培育壮大主导产业、加强载体平台建设，以及创新创业人才、团队引进等。不断创新省级财政科技资金的股权投资、风险控制以及贷款贴息等相关手段，进一步完善和支持郑洛新国家自创区发展的市场基础。鼓励建立省市各类支持重点项目建设的引导基金，鼓励并引导郑洛新国家自创区开展创新创业券试点，围绕科技型企业或创新创业团队，有针对性地提供相应的管理指导、能力培训、政策咨询、标准认证、申请申报等服务。支持郑洛新国家自创区推动省级以上重点实验室、企业技术中心、工程研究中心等重大科研基础设施和大型仪器实现共享共建，并支持这些创新平台对外提供社会化服务，推动建立开放共享的后补助机制，对提供高效服务、收到很好效果的管理单位给予资金支持；对科技型中小微企业、大学生创新创业人员使用这些开放共享的科研设施设备的，给予适当的财政补贴。

九　打造优良创新政策环境

打造优良创新政策环境，是人才建设、技术创新乃至国家及地区进步的迫切需求。科学技术的发展需要知识不断地累积和创新突破，与当前所处的社会环境、要素条件等紧密相连。如果创新环境能够完善，就能够更好地实现科学技术完成从量变到质变。打造郑洛新国家自创区优良创新政策环境，需要改革科技评价制度，完善职务发明激励机制，健全高校和科研机构技术转化机制，培育鼓励创新、崇尚创业、宽容失败的创新创业文化，实现创新资源高效配置、创新活力全面迸发的良好局面。

（一）改革科技评价制度

完善科技分类相关评价标准，着重建立以创新驱动发展质量为导向的与实际贡献相匹配，以及与激励和约束并举的科技成果评价机制。对于基础研究、前沿技术研究而言，要以同行评价为主，主要突出中长期的目标导向来评价研究成果的质量、研究价值以及实际贡献；对于应用研究而言，要通过用户使用情况和专家评估咨询等第三方评价来进行，主要评价项目的目标完成情况、成果转化应用情况以及项目成果的创新性和带动性；对于产业化开发的项目，要以市场评价为主，着重评价其对产业发展，推进产业升级的实际贡献。探索建立评价专家的责任制度以及信息公开制度。进一步开展科技项目的标准化评价以及以重大科研成果产出为导向的科技评价试点示范，进一步完善省级及以上的重大科技专项的监督、管理和评估制度。积极开展第三方的创新评估，进一步加大对科技项目的决策、实施以及成果转化应用的后期评估。进一步改革和完善省级方面的科技成果奖励制度，建立健全公开透明、科学民主、试点示范、公信度高的全省科技成果奖励机制。进一步完善河南省科技进步奖的评审规则和评审标准，不断增加评审的透明度和公平性，强化对创新创业人才、青年人才的奖励力度和导向。

（二）完善职务发明激励机制

在严格遵循国家法律和政策的前提下，进一步完善关于科技成果分配、知识产权归属以及利益分享机制，逐步向核心团队、重要发明人倾斜，提高积极性和主动性。对于高等学校和科研单位来说，其运行主要依靠财政拨款，这样可以把职务发明成果转让取得的收益合理分配给具有重要贡献的人员以及所属科研单位。与此同时，事业单位领导在履行本职工作的前提下，也应该免除其在科技成果定价过程中因科技成果转化的后续价值变化所产生的决策责任。进一步加强职务发明工资总额的管理工作，对于国企事业单位，其职务发明的完成人以及对于科技成果转化具有重要贡献的人员或者团队的奖励不计入其工资总额基数。进一步加大科研人员的股权激励制度，鼓励企业通过股权、期权、分红等激励方式，调动科研人员创新积极性。建立促进企业创新的激励制度，对创新中具有突出贡献的科研人员进行股权激励和分红奖励。

（三）健全高校和科研机构技术转化机制

加强高等学校以及科研单位的知识产权规范管理，进一步完善知识产权技术转移的工作体系，建立一批专业化、规范化的技术转移机构和专业人才队伍，不断强化知识产权的申请、受理、运营管理。逐步完成高等学校、科研单位与其所属公司的剥离，推动科研成果通过许可的方式对外进行扩散，积极鼓励通过转让和作价入股等方式进行技术转移。探索研究和制定并积极推广郑洛新国家自主创新示范区区域内科研人员的股权激励个人所得税试点政策工作。积极探索事业单位的无形资产管理相关制度，建立和健全并完善高等学校和科研单位的科技成果转化分类统计和常态化报告制度。建立健全科技与标准化之间互动与支撑机制，鼓励省级产业技术创新战略联盟、院士工作站以及行业协会在培育市场主体、协调制定行业标准、加速科研成果转移转化与应用、提高行业标准的国际化水平等方面发挥重要作用。

（四）培育鼓励创新、崇尚创业、宽容失败的创新创业文化

强化宣传与舆论引导，力争实现全省科技创新奖励大会每年高规格举

办一次，重点支持和奖励在科技创新方面具有特殊贡献的企业家、高校、科研单位、行业协会以及创新创业领军人才、创新创业团队。建立健全激励创新、允许失误、尽职免责的容错机制。通过互联网、手机报、新闻App 终端、报刊、电视广播等各类传播媒介，强化宣传和舆论引导，加强对科技创新政策措施、重大科技创新成果、典型创新创业人才和创新型企业的宣传，形成尊重知识的创新氛围，吸引更多国内外高层次人才参与郑洛新国家自创区科技创新活动，更好激发蕴藏在广大科技工作者以及亿万人民之中的创新能量。

参考文献

谷建全：《关于河南省建设郑洛新国家自主创新示范区的重要认识》，《河南科技》2017 年第 22 期。

卢长利、董梅：《国家自主创新示范区科技创新比较研究》，《资源开发与市场》2015 年第 4 卷第 31 期。

王双：《国家自主创新示范区演进轨迹与展望》，《改革》2017 年第 5 期。

陈颖：《全国国家自主创新示范区概况》，《决策探索》2016 年第 15 期。

刘小青：《国家自主创新示范区的建设背景和布局特征》，《广东科技》2016 年第 13 卷第 25 期。

王玲杰、王元亮、彭俊杰、李斌：《推动国家自主创新示范区高质量发展》，《区域经济评论》2018 年第 5 期。

王玲杰：《科技型小微企业带动区域转型发展的路径分析》，《区域经济评论》2014 年第 3 期。

梁红军：《围绕战略定位加快国家自主创新示范区建设——以郑洛新自主创新示范区为例》，《学习论坛》2018 年第 3 期。

赵建吉、王艳华、刘丽等：《郑洛新国家自主创新示范区创新发展研究》，《创新科技》2017 年第 6 期。

李新安、李慧：《郑洛新国家自主创新示范区创新能力提升研究》，

《河南科技学院学报》2017 年第 7 期。

张英卓、王辉：《郑洛新国家自主创新示范区建设路径》，《地域研究与开发》2018 年第 2 期。

张志杰：《郑州建设郑洛新国家自主创新示范区的策略研究》，《创新科技》2017 年第 7 期。

谷建全：《加快建设郑洛新国家自主创新示范区》，《决策探索》（上半月）2016 年第 8 期。

刘洋、武利红：《郑洛新国家自主创新示范区发展现状与政策保障路径研究》，《创新科技》2017 年第 9 期。

朱常海：《国家自主创新示范区政策评述》，《中国高新区》2017 年第 5 期。

王谢勇、王彬、孙毅：《国家自主创新示范区科技体制创新路径选择》，《地方财政研究》2017 年第 10 期。

李占强：《郑洛新国家自主创新示范区培育创新极对策》，《洛阳师范学院学报》2017 年第 12 期。

代利娟、张毅：《武汉东湖国家自主创新示范区科技金融创新研究》，《科技管理研究》2013 年第 6 卷第 33 期。

王玲杰：《实现关键技术突破　增强自主创新能力》，《河南日报》2018 年 6 月 6 日。

王玲杰、赵执：《探索供给侧改革背景下区域创新发展之路》，《河南日报》2016 年 6 月 6 日。

熊曦、魏晓：《国家自主创新示范区的创新能力评价——以我国 10 个国家自主创新示范区为例》，《经济地理》2016 年第 1 卷第 36 期。

李燕萍、郑安琪、沈晨等：《国家自主创新示范区人才政策评价——以中关村与东湖高新区为例（2009 - 2013）》，《武汉大学学报》（哲学社会科学版）2016 年第 2 卷第 69 期。

罗煜：《郑洛新城市科技创新能力评价——兼论郑洛新国家自主创新示

范区建设》,《技术经济》2017 年第 1 卷第 36 期。

王剑、张天竟、塔娜:《国家自主创新示范区模式比较与示范效应研究——以中关村、上海张江为例》,《科学管理研究》2016 年第 6 期。

董石桃、戴芬园:《地域比较、政策构建与创业激励——长株潭自主创新示范区创业激励政策分析》,《科技进步与对策》2017 年第 4 卷第 34 期。

张俊芳、张明喜、薛薇等:《国家自主创新示范区试点政策推广评估——以中关村为例》,《中国科技论坛》2017 年第 6 卷第 5 期。

袁金星:《国家自主创新示范区创新政策应用研究》,《创新科技》2017 年第 3 期。

朱军、于佳佳、邹溦:《苏南国家自主创新示范区建设区域创新一体化的若干思考》,《江苏科技信息》2016 年第 34 期。

陶应虎:《国内国家自主创新示范区建设的经验借鉴》,《市场周刊》(理论研究)2016 年第 9 期。

代利娟、张毅:《武汉东湖国家自主创新示范区科技金融创新研究》,《商场现代化》2017 年第 5 期。

许贵舫、闫道锦:《三大国家级自主创新示范区创新驱动比较研究》,《区域经济评论》2017 年第 2 期。

李林、张拓宇:《天津国家自主创新示范区现状及发展思路探讨》,《中国商论》2016 年第 35 期。

于一可:《加快郑洛新国家自主创新示范区人才建设对策研究》,《决策探索》(下半月)2018 年第 6 期。

张倩:《郑洛新国家自主创新示范区人才建设对策分析》,《人才资源开发》2018 年第 9 期。

崔理想:《郑洛新国家自主创新示范区人才特区建设研究》,《创新科技》2018 年第 1 期。

袁金星:《郑洛新国家自主创新示范区发展路径探析——基于国家自主创新示范区发展实践的思考》,《郑州轻工业学院学报》(社会科学版)

2017 年第 6 期。

徐珂：《郑洛新国家自主创新示范区产业创新能力研究》，河南财经政法大学，2017。

齐晶晶：《国家自主创新示范区创新体系效能的评价与比较》，《统计与决策》2015 年第 24 期。

辜胜阻、马军伟：《推进国家自主创新示范区建设的政策安排》，《财政研究》2010 年第 11 期。

杨青、张凯雷：《东湖国家自主创新示范区"一区多园"管理体制创新研究》，《科学与管理》2016 年第 1 卷第 36 期。

刘剑、陶应虎：《城市群创新一体化发展难点与对策建议——以苏南国家自主创新示范区为例》，《经济纵横》2017 年第 4 期。

科技部火炬高技术产业开发中心、中科院科技战略咨询研究院中国高新区研究中心：《国家高新区创新能力评价报告（2017）》，科学技术文献出版社，2017。

曾刚：《长江经济带城市协同发展能力指数（2016）研究报告》，中国社会科学出版社，2017。

解佳龙、胡树华：《国家自主创新示范区甄选体系设计与应用》，《中国软科学》2013 年第 8 期。

周洪宇：《国家自主创新示范区创新能力比较研究——以北京中关村、武汉东湖、上海张江为例》，《科技进步与对策》2015 年第 22 卷第 32 期。

郭戎、薛薇、张俊芳、张明喜、魏世杰：《国家自主创新示范区科技创新政策评价研究》，《中国科技论坛》2013 年第 11 期。

胡振兴：《国家高新区创业资本供求能力评价——以 6 个国家自主创新示范区为例》，《科技进步与对策》2016 年第 5 卷第 33 期。

王经伟、王敏：《国家自主创新示范区建设的动力机制研究》，《商业时代》2013 年第 7 期。

林园春：《郑洛新国家自主创新示范区的战略定位研究》，《创新科技》2016 年第 5 期。

李文增：《在天津构建国家自主创新示范区的战略基点》，《城市》2015 年第 1 期。

张英卓、王辉：《郑洛新国家自主创新示范区建设路径》，《地域研究与开发》2018 年第 2 卷第 37 期。

张志杰：《国家自主创新示范区管理体制改革评析——兼论对郑洛新国家自主创新示范区的启示》，《河南社会科学》2017 年第 8 卷第 25 期。

谢毅梅：《国家自主创新示范区发展经验借鉴》，《发展研究》2018 年第 3 期。

豆晓利：《创新驱动背景下科技金融发展模式探索——以郑洛新国家自主创新示范区为例》，《区域金融研究》2018 年第 3 期。

郑广建：《郑洛新国家自主创新示范区发展模式的选择与对策思考》，《区域经济评论》2018 年第 3 期。

董微微、蔡玉胜：《我国国家自主创新示范区创新能力评价》，《工业技术经济》2018 年第 8 卷第 37 期。

李立华、陈进：《理论、样本与路径选择——国际视野下的东湖自主创新示范区建设》，《学习与实践》2013 年第 11 期。

Malecki E. J. The R&D Location Decision of the Firm and Creative Regions – A Survey ［J］. Technovation, 1987, 6 (3)：205 –222.

Saxenian A. Regional Advantage：Culture and Competition in Silicon Valley and Route 128 ［M］. Boston：Harvard University Press，1995.

Tann J. Growth of Industry Clusters and Innovation：Lessons from Beijing Zhongguancun Science Park ［J］. Journal of Business Venturing, 2006，(11)：827 –850.

Alessandro B. Networking System and Innovation Outputs：The Role of Science and Technology Parks ［J］. International Journal of Business and Management，2011，(5)：3 – 15.

后　记

抓创新就是抓发展，谋创新就是谋未来，自主创新是我们攀登世界科技高峰的必由之路。尤其当前我国正处在重构全球创新版图、重塑全球经济结构的历史交汇期，全球科技创新也已经进入空前密集活跃期。科技比拼决定着实力比拼，世界各国正竞相以创新引领发展。形势逼人，挑战逼人，创新已经进入不进则退、慢进则退的关键阶段。在这一形势背景下，国家自主创新示范区的启动建设和持续发展就显得尤为重要。作为打造科学中心和创新高地的排头兵和引领者，国家自主创新示范区要顺应科技创新与发展大势，全面强化自主创新能力，探索特色自主创新道路，把创新主动权、发展主动权牢牢掌握在自己手中，挑战严峻、任务艰巨。

2009 年以来，国务院先后批复建设了 19 个国家自主创新示范区，在推进自主创新战略等方面先行先试、率先探索，以点带面，有效地引领、辐射、带动了区域改革开放创新不断走向深化，有力地推动了质量变革、效率变革和动力变革，自创区成为高质量发展的核心动力和根本支撑。但是同时，不同地区的国家自主创新示范区在建设探索中一方面形成了一批可复制可推广经验，另一方面也面临着共性与个性并存的复杂问题与挑战，如何充分发挥先行示范区的先进经验、有效模式的借鉴启示作用，如何规避与解决探索中所犯的错误和问题，就成为在国家自主创新示范区启动建设十年后非常具有现实意义的重要工作。正是基于上述考虑，我们申报了河南省政府决策研究招标重点课题"郑洛新国家自主创新示范区和其他国家自主创新示范区建设发展比较研究"，并取得立项，以项目为引领和依托，我们开始了对国家自主创新示范区建设发展的比较研究，力图通过多角度、多层面的比较分析，发现国家自主创新示范区建设发展中的共性特征、走向趋势和现实挑战，进而在梳理总结经验、模式、启示、借鉴的基础上，选取了郑洛新国家自主创新示范区作为典型实证案例，对如何加快推动国家自主创新示范区高质量发展进行思路重点、路径分析等实证研究，以期为推动国家自主创新示范区建设发展提供借鉴和启发。

本书由王玲杰、李斌、彭俊杰、王元亮合作撰写。王玲杰主持制定了全书的提纲框架，修改审定了全部书稿；第一章，王元亮；第二章、第三章，王玲杰；第四章、第五章，李斌；第六章，彭俊杰；第七章，李斌；第八章，王元亮；第九章，王元亮、李斌；第十章，彭俊杰。

本书能够付印，首先要感谢谷建全研究员，他对本书从制定提纲、中期多次研究讨论到书稿修改等都提出了许多建设性指导意见。同时，还要感谢河南省社会科学院胡兴旺、高拓、张富禄、任晓莉等专家给予的指点和支持帮助。本书的完稿，对我们而言，意味着新的起点，意味着向更深层次、更广视野的研究探索，期待着有更多更有价值的成果能够在进一步研究中产出，为推进国家自主创新示范区建设发展贡献我们的一点力量。

由于水平有限，书中不足甚至错漏之处在所难免，恳请大家批评指正。

2018 年 9 月

图书在版编目（CIP）数据

国家自主创新示范区建设比较与实证研究／王玲杰
等著. -- 北京：社会科学文献出版社，2018.12
（中原学术文库. 学者丛书）
ISBN 978 - 7 - 5201 - 3995 - 3

Ⅰ.①国…　Ⅱ.①王…　Ⅲ.①高技术开发区－经济发
展－研究－中国　Ⅳ.①F127.9

中国版本图书馆 CIP 数据核字（2018）第 266449 号

中原学术文库·学者丛书
国家自主创新示范区建设比较与实证研究

著　　者／王玲杰　李　斌　彭俊杰　王元亮

出 版 人／谢寿光
项目统筹／任文武
责任编辑／杨　雪

出　　版／社会科学文献出版社·区域发展出版中心（010）59367143
　　　　　　地址：北京市北三环中路甲29号院华龙大厦　邮编：100029
　　　　　　网址：www.ssap.com.cn
发　　行／市场营销中心（010）59367081　59367083
印　　装／三河市尚艺印装有限公司

规　　格／开　本：787mm×1092mm　1/16
　　　　　　印　张：15　字　数：214千字
版　　次／2018年12月第1版　2018年12月第1次印刷
书　　号／ISBN 978 - 7 - 5201 - 3995 - 3
定　　价／78.00元